ILUMINA-TE

pelo Espírito JOANNA DE ÂNGELIS

ILUMINA-TE
DIVALDO FRANCO

InterVidas

CATANDUVA SP
2013

SUMÁRIO

P PREFÁCIO: ILUMINA-TE 8

1 *em* PLENO DESERTO 14

2 IDENTIDADE *com* JESUS 20

3 *em* BUSCA *da* ILUMINAÇÃO 26

4 LAZERES *e* DIVERTIMENTOS 32

5 TESOURO INAPRECIÁVEL 38

6 *a* PAISAGEM HUMANA *do* SOFRIMENTO 44

7 ASSIM PASSA 50

8 QUESTÃO *de* ÓPTICA 56

9 SENTIMENTOS PERVERSOS 62

10 ENFERMIDADE *da* ALMA 68

11 RESGUARDA-TE *na* SERENIDADE 74

12 CEGUEIRA ESPIRITUAL 80

13 LUTAS ABENÇOADAS 86

14 DIGNIDADE MORAL 92

15 *a* SUBLIME CANÇÃO 98

104	TUA CONTRIBUIÇÃO	16
110	*a* BÊNÇÃO *do* PERDÃO	17
116	*a* DOLOROSA NOITE ESCURA	18
122	*a* ENTREGA PESSOAL	19
128	CIDADANIA UNIVERSAL	20
134	ANENCEFALIA	21
140	REFLEXÕES *de* ATUALIDADE	22
146	TROPEÇOS	23
152	RELACIONAMENTOS AFETIVOS	24
158	SIMPLICIDADE *e* PUREZA *de* CORAÇÃO	25
164	ESPINHOS *na* JORNADA CRISTÃ	26
170	FIDELIDADE MEDIÚNICA	27
176	CONSCIÊNCIA *de* DEVER	28
182	ASCENSÃO *e* QUEDA	29
188	NOITE EXTRAORDINÁRIA	30
194	ÍNDICE	Í

ILUMINA-TE

PREFÁCIO

A IRRADIAÇÃO MENTAL DE CADA INDIVÍDUO HUmano expressa a sua conquista evolutiva, o estágio de amadurecimento ou de primitivismo espiritual em que se encontra.

Sendo emanação das energias sustentadas pelo pensamento e pelas suas aspirações, pelos comportamentos morais e pelos seus anseios, é constituída por vibrações específicas, tradutoras da realidade de cada qual.

Enquanto o ego[1] pode mascarar-se e apresentar-se com valores que realmente o ser não possui, essas ondas contínuas são produzidas pelas legítimas ideações e reais anelos íntimos.

Em consequência da sua permanente exteriorização, produz ressonância, influenciando todos aqueles que se encontram na sua equivalência vibratória.

Um violino Stradivarius, por exemplo, em razão da aguçada sensibilidade do material de que é constituído, da disposição de todos os elementos, mesmo quando não acionado pelo arco, produz ressonâncias resultantes de qualquer ruído a sua volta.

De igual maneira, os Espíritos nobres, quando são atraídos pelos ideais edificantes, acorrem, em ressonância, na

---

1. O glossário desta obra, apresentado por meio de notas laterais, adota como referências principais os dicionários *Houaiss* e *Aulete*, e a enciclopédia *Wikipédia*, limitando e adaptando as acepções ao contexto.

EGO centro da consciência; é parte da identidade do indivíduo, responsável pela relação com o mundo exterior e pela busca das necessidades do ser

IDEAÇÃO formação e encadeamento das ideias; concepção

ANELO desejo intenso

RESSONÂNCIA efeito de amplificação do conteúdo emitido (sinal, frequência, ideia, pensamento), alcançado quando há sintonia (similaridade) desse conteúdo no receptor

STRADIVARIUS famosa e extremamente valorizada marca de instrumentos de corda, destacando violinos, feitos pelo *luthier* (profissional especializado na construção e no reparo de instrumentos de corda com caixa de ressonância) italiano Antonio Stradivari (1644-1737)

FRÍVOLO
que é ou tem pouca importância; fútil, superficial

COMPRAZER
deleitar-se; autossatisfazer-se

CONTEMPORÂNEO
que é do tempo atual

AFADIGAR trabalhar exaustivamente

EMPATIA processo de identificação em que o indivíduo se coloca no lugar do outro e, com base em suas próprias suposições ou impressões, esforça-se para compreender o comportamento do outro

ANELAR desejar intensamente

CAMPEAR exercer domínio; imperar

SOMÁTICO relativo a ou próprio do organismo considerado fisicamente; físico, corporal

FISIOLÓGICO
relativo a fisiologia (estudo das funções orgânicas e dos processos vitais dos seres vivos)

REFOLHOS
as partes mais profundas, mais secretas da alma

direção daqueles cujas ondas psíquicas sincronizam com as suas vibrações. O mesmo ocorre no sentido oposto, quando a insensatez e a vulgaridade expressam-se nas faixas de inferior qualidade, atraindo as entidades frívolas e perversas, que se comprazem em gerar embaraços onde quer que se encontrem.

Faz-se necessário que a mulher e o homem contemporâneos compreendam a finalidade superior da reencarnação, afadigando-se pela conquista da iluminação pessoal, que se expande em bênçãos de claridade e de sabedoria.

A teimosa postura nos hábitos enfermiços em que muitos se comprazem redunda em processos perturbadores, impossibilitando o seu desenvolvimento ético-moral.

Todos os seres necessitam-se e devem viver em grupos que respondem pela sua preservação, pelos fatores de manutenção das suas existências.

Por essa razão, o conhecimento e a ação dignificadora que propõem o amadurecimento psicológico facultam-lhe a empatia que constitui um valioso instrumento para o progresso espiritual.

Todos os seres humanos anelam pela liberação do sofrimento que campeia em toda parte. Nada obstante, o sofrimento faz parte do fenômeno que é a vida física.

A constituição orgânica sempre apresenta alterações e mudanças, o que responde pelos sofrimentos físicos, e, não raro, emocionais e psíquicos. No entanto, a causa central desses acontecimentos reside no Espírito que é o gerador do seu destino, modelador do veículo somático.

De acordo com as construções mentais, e consequentemente morais, elabora os equipamentos fisiológicos para a jornada evolutiva, conforme as suas necessidades que são impostergáveis.

Insculpidas nos refolhos do ser, todas as formulações criam matrizes que darão lugar às constituições representativas das ideações no mundo físico.

Intermediadas pelo perispírito, também conhecido como psicossoma, o corpo é a sua projeção condensada da matéria.

Não é de surpreender, em razão das condutas humanas, que haja mais doentes do que sadios, maior número de atormentados do que de pacíficos e equilibrados na extraordinária economia espiritual da sociedade terrena.

Nessa paisagem, porém, exteriorizam-se os fenômenos empáticos que devem ser cuidadosamente cultivados.

Em decorrência da similitude pelo sofrimento, pode-se e deve-se ser sempre solidário com aqueles que têm aflições, porque é fácil de aquilatar-lhes a ocorrência, por ser conhecida em quem se dispõe ao socorro.

Essa solidariedade generosa contribui para diminuir a aspereza das provações humanas, dando valor ao próximo que, sem essa ajuda, sentir-se-á desprezado, sem nenhum objetivo para prosseguir na luta.

A vida é pródiga em estímulos e todas as suas manifestações enriquecem-se quando percebidas, fazendo-se solidárias. Aqueles que recebem carinho vivem muito mais tempo e melhor em qualidade existencial do que os demais que são desconsiderados e excluídos pela presunção dos seus círculos de relacionamentos.

Jesus, o médico por excelência, ofereceu esse exemplo ímpar, sempre atendendo aos mais infelizes, aqueles que eram desrespeitados pela sociedade orgulhosa e enferma, atendendo-os com gentileza e compreensão, tornando-os novamente humanos e cidadãos, em razão de haverem sido expulsos do convívio dos abonados e poderosos de um momento.

A empatia geradora de amizade contribui eficazmente para a vivência da alegria, do bem-estar, da conquista da saúde.

Todo aquele que se preocupa com o seu próximo vivencia mais harmonia interior do que aquele que lhe é indiferente. Ademais, enseja autossegurança, porque elimina a desconfiança

PERISPÍRITO corpo espiritual; envoltório semimaterial do Espírito

EMPÁTICO relativo a ou baseado na empatia

AQUILATAR apreciar, avaliar, julgar o valor de algo

JOANNA DE ÂNGELIS

VIGER estar em vigor; ter eficácia, vigorar

EGÓLATRA pessoa que cultua o próprio eu, que pratica a egolatria

AZIAGO em que há infelicidade, desventura; desafortunado

PSICOTERAPIA qualquer das várias técnicas de tratamento de doenças e problemas psíquicos

NEFASTO que pode trazer dano, prejuízo; desfavorável, nocivo, prejudicial

INJUNÇÃO imposição, pressão

que vige no ególatra, no isolacionista, que vive sob a tensão do medo de perder os valores a que se afeiçoa, de ser vítima das ocorrências aziagas da existência.

A energia empática da afeição desinteressada produz ressonância vibratória no planeta, contribuindo para o equilíbrio geral.

O significado existencial de maior conteúdo é constituído pelos sentimentos de amor e de compaixão que favorecem o progresso geral, impulsionando o ser no rumo da sua triunfante imortalidade.

A busca, portanto, da autoiluminação é proposta inadiável para a conquista da harmonia interior, da plenitude, do reino dos céus na paisagem emocional dos sentimentos enobrecidos.

A atualidade é opulenta em belas e oportunas receitas de psicoterapias valiosas que se encontram ao alcance de todo aquele que realmente se esforce por aplicar-se alguma dentre as muitas, aquela que seja compatível com a sua problemática.

Obras excelentes de autoajuda encontram-se à disposição de qualquer leitor interessado na conquista do bem-estar, ao lado de instituições e sociedades dedicadas ao bem, ao socorro em favor dos que se encontram algemados aos vícios e tormentos, anelando pela conquista da saúde.

O êxito, porém, de qualquer candidato depende exclusivamente do seu empenho, do esforço que se deve aplicar para o resultado feliz.

As comunicações virtuais de fácil acesso oferecem preciosos contributos para a libertação dos traumas e dos dramas existenciais que muitos experimentam.

Se, de um lado, existem incontáveis apresentações nefastas e incitações ao crime para a preferência de outros afins, há verdadeiros tesouros em forma de vidas exemplares, de abnegação e de renúncia, de sacrifício e de beleza, convidando à ação saudável, ao comportamento ético dignificante, sempre demonstrando a vitória do bem, mesmo que sob injunções afligentes.

Além dessas admiráveis contribuições, o espiritismo, restaurando a doutrina de Jesus, propõe a autoiluminação, mediante a adoção das Suas palavras sintetizadas no *Sermão das bem-aventuranças*, sempre atual e insuperável.

Ilumina-te, pois, a cada momento, acendendo a sublime claridade do discernimento na mente e do amor no sentimento, a fim de conseguires a paz e os estímulos para a sublimação.

SUBLIMAÇÃO
purificação; elevação

•

Este livro, que agora apresentamos aos nossos caros leitores, forma uma trilogia com outros anteriormente publicados: *Entrega-te a Deus* e *Liberta-te do mal*.

Escrevemo-los ao largo de três anos, abordando temas conflitivos da atualidade, em cada momento, e oferecendo a fórmula eficaz para a sua vivência dignificante, haurida no evangelho de Jesus.

Algumas páginas apareceram oportunamente na imprensa leiga e espírita com o objetivo de alertar os leitores sinceros dedicados ao dever e aqueles que necessitavam de um diferente foco para deter-se e reflexionar com tranquilidade.

Assim sendo, não propomos nenhuma fórmula especialmente mágica, sendo somente uma despretensiosa contribuição para auxiliar a quem o consulte nestes dias de tormento que precedem a era nova.

Agradecendo ao senhor e mestre Jesus a imerecida honra de nos encontrarmos na Sua vinha, sou a servidora devotada,

JOANNA DE ÂNGELIS

Salvador, 29 de agosto de 2012[2]

---

2. Homenageamos a data em que renasceu, na Terra, o nobre Espírito Dr. Adolfo Bezerra de Menezes Cavalcante, no ano de 1831, em Riacho do Sangue, Ceará. [nota da autora espiritual]

em PLENO DESERTO

1

A ARIDEZ DO DESERTO DE ALGUMA FORMA SEM-pre atraiu o ser humano, especialmente aquele necessitado de paz, em luta contínua pela superação das tendências negativas e ansioso pelo autoencontro.

No *misterioso* silêncio do deserto, interrompido pelas frequentes tempestades de areia, na magia das noites frias e estreladas no azul turquesa, a reflexão, a interiorização tornam-se inevitáveis, e o indivíduo mergulha no insondável, descobrindo as incógnitas da vida e encontrando as respostas hábeis para o prosseguimento da jornada em cânticos de luz.

Nas tradições do judaísmo encontramos Moisés com o povo libertado da escravidão no Egito, *vagando no deserto* até encontrar a *terra prometida*, quarenta anos depois...

Antecipando o ministério de Jesus, João buscou a solidão do deserto para impregnar-se da mensagem precursora da Boa-Nova, adquirindo resistência física e moral para os grandes enfrentamentos que o aguardavam...

O incomparável Rabi, enfrentando as multidões esfaimadas de amor e de paz, demandou ao deserto por quarenta dias e noites em jejum e em comunhão com Deus... E sempre, quando após atender as massas sofridas e aturdidas, buscava a solidão do deserto para refazer-se e impregnar-se de Deus...

ESFAIMADO
faminto, esfomeado

Depois de haver recebido o convite de Jesus às portas de Damasco, o jovem rabino Saulo de Tarso seguiu ao deserto no *oásis de Dan*, onde reflexionou por três longos anos, a fim de conseguir as forças morais para as lutas que deveria travar em favor da divulgação do evangelho...

Tempos depois, os *padres do deserto*, conforme foram denominados os ermitões e anacoretas, optaram pelo silêncio das regiões montanhosas e áridas, distantes da civilização, a fim de poderem penetrar nos conteúdos sublimes do evangelho, superando os tormentos que os afligiam.

O deserto, simbolicamente, pode ser comparado, em uma metáfora, ao lugar ideal para a meditação profunda, a fixação do pensamento sublime distante das distrações, do imenso contingente das tentações.

Na atualidade, qual aconteceu no passado, há muita balbúrdia e correria no mundo, e muito mais distrações como fuga da realidade, desviando as criaturas do foco da evolução e do pensamento nobre para a vivência das futilidades e da insensatez.

A parafernália da tecnologia da inutilidade encontra-se ao alcance fácil de todos, desviando os seus aficionados dos compromissos graves e das responsabilidades severas, que substituem pelo *vazio existencial*. Em consequência, falecem as suas resistências morais, quando testados na vivência dos postulados dignificadores e sacrificiais, indispensáveis à existência feliz.

O ser humano necessita, sem dúvida, da convivência com as demais pessoas. Nada obstante, quando não se encontra equipado pelos recursos nobres da persistência e da abnegação, da coragem e da fé, tomba nas armadilhas do prazer, desviando-se dos objetivos mais significativos da existência.

ERMITÃO indivíduo que, por penitência, vive em lugar deserto, isolado; eremita

ANACORETA monge cristão ou eremita que vive em retiro, solitariamente, especialmente nos primeiros tempos do cristianismo

METÁFORA figura de linguagem que consiste em estabelecer uma analogia de significados entre duas palavras ou expressões, empregando uma pela outra

BALBÚRDIA desordem barulhenta; vozerio; tumulto

A fim de abastecer-se de energias, necessita, porém, de silêncio, de meditação, de algum tempo no *deserto...*

•

Na atualidade, a busca desse deserto não conduz o indivíduo às regiões geográficas áridas e distantes da civilização, mas às paisagens interiores que aguardam ser conhecidas pela reflexão profunda, penetradas pela busca do silêncio iluminativo.

Na existência humana, já não são os ruídos que representam a agitação, os tormentos, a perda de sentido psicológico, mas as formidandas renúncias, a procura da quietação, na qual a alma se expande e ganha o infinito.

FORMIDANDO formidável; tremendo; imenso

Aprendendo-se a *ouvir as estrelas*, consegue-se a harmonia interior, estabelecendo-se programas de equilíbrio e de saúde, ao mesmo tempo deixando-se penetrar pela serenidade com que se podem enfrentar todos os desafios.

Quando se consegue o hábito de pensar em silêncio, no deserto íntimo, permanece a alegria de viver, seja sob aplausos ou apupos, em estabilidade social ou em pendência de muitas realizações.

APUPO vaia

Esse equilíbrio íntimo é a resposta da autoconquista, do descobrimento dos legítimos objetivos da jornada, sem as ilusões dos triunfos enganosos.

Sempre se ouvem as árvores quando tombam na floresta, mas nunca se escuta o seu crescimento expressando a vida.

Esse silêncio, portanto, é tão importante para o Espírito quanto o são o pão e a água para o corpo.

Na solidão o ser retempera o ânimo, identifica-se com a atividade de libertação, descobre quão transitória é a sua marcha orgânica, adquirindo lucidez para compreender todos os acontecimentos, especialmente aqueles que causam dor e aflição.

Sucede que, nesse estado de receptividade íntima, os sofrimentos não perturbam nem desarmonizam, mas produzem amadurecimento para as refregas da evolução que são

REFREGA luta, confronto

inevitáveis, e, graças às quais, operam-se os processos de crescimento e de conquistas.

Desse modo, o que se convencionou denominar como dualidade do bem e do mal perde a condição de opostos, passando a significar o que é agradável e produtivo em relação a tudo quanto é perturbador e, portanto, desagradável.

Isso porque do mal pode-se retirar o bem, qual ocorre com a treva que também possui sua quota de luz.

Tudo depende, por fim, da óptica do observador, da sua maneira de ser e de compreender os acontecimentos existenciais.

Mediante esse comportamento saudável, aprende-se a discernir o propósito da sombra, aceitando-a, para a instalação da luz total.

No silêncio dinâmico da mente que se direciona para os objetivos espirituais, encontra-se alegria e bem-estar, fruindo-se da harmonia que decorre da consciência lúcida.

> FRUIR desfrutar, gozar, utilizar

Os pensamentos, no entanto, vão e vêm, chegam e passam... Os seus conteúdos transformam-se em ideais e realizações, substituídos por outros incessantemente.

A consciência, porém, permanece acumulando as experiências vivenciadas ao largo da existência planetária.

Educar-se a mente, disciplinando-se o pensamento, constitui recurso valioso para a saúde espiritual, para o êxito da reencarnação.

O solilóquio bem elaborado constrói a sabedoria para os diálogos edificantes e produtivos, gerando os conhecimentos que levam às ações enobrecedoras.

> SOLILÓQUIO ato de alguém conversar consigo próprio; monólogo

Reflexionar, portanto, antes de agir, a fim de que a ação se expresse digna e produtiva, é dever de todos aqueles que vivenciaram as experiências do *deserto*.

Quando não se consegue esse silêncio que predispõe à harmonia, o acúmulo de problemas não resolvidos empurra a sua vítima para a depressão.

•

Analisa a existência que desfrutas e busca, vez que outra, o *deserto*...

Silencia as ansiedades e tormentos, equilibrando as emoções, a fim de seres penetrado pelas lúcidas vibrações do bem.

Atropelado pela balbúrdia que preenche os espaços físicos e mentais, és vitimado pelas circunstâncias infelizes deste momento de conturbação.

Quando te sentires, porém, na encruzilhada dos conflitos e das angústias, sem saber como proceder, busca o *deserto*, e, no silêncio, Jesus se te acercará, orientando-te com segurança.

•••

QUANDO TE SENTIRES NA ENCRUZILHADA DOS CONFLITOS E DAS ANGÚSTIAS, SEM SABER COMO PROCEDER, BUSCA O *DESERTO*, E, NO SILÊNCIO, JESUS SE TE ACERCARÁ, ORIENTANDO-TE COM SEGURANÇA.

IDENTIDADE *com* JESUS

2

A IDENTIFICAÇÃO É UMA DAS QUALIDADES PSICO-lógicas responsáveis pela definição do ser humano, ao lado de outras significativas, tais como: a personalidade, o conhecimento e a consciência.

Em razão do seu impositivo, é possível qualificar-se o indivíduo por sua afinidade emocional e seu comportamento com as ideias e os anseios íntimos cultivados.

Graças às aspirações internas mantidas, surgem as sintonias que povoam os grupos, aglutinando-os em sociedades ou núcleos que formam a humanidade.

Quando são enobrecedoras, favorecem o progresso moral e social da pessoa e, em consequência, da grei, aprimorando a cultura, a ciência e as artes, a tecnologia e o humanitarismo que fomentam o ajuste e a harmonia global. Todavia, se resultam das paixões dissolventes, formam os guetos da criminalidade, as forças da violência, as gangues da insânia e das alucinações coletivas, as tribos da drogadição, resvalando para os abismos do horror que respondem pelas lutas sangrentas e perversas.

GREI comunidade; sociedade

As propostas filosóficas e o conhecimento nos mais diversos ramos do saber atraem os seres humanos às suas fileiras e os classificam, tornando-se conhecidos pelos modismos e condutas, não raro extravagantes e agressivos.

STATUS QUO no estado em que se encontrava antes

EFÊMERO breve

HEDIONDO horrível; pavoroso, repulsivo

PAULINA relativa ao apóstolo Paulo

CICLÓPICO extraordinário; colossal, gigantesco

HOLOCAUSTO sacrifício

MARTIROLÓGIO lista de mártires

EMURCHECER perder o vigor

FENECER acabar, terminar; morrer

Periodicamente surgem como desafios ao *status quo*, chamando a atenção pela maneira exibicionista através da qual projetam a imagem prepotente que escraviza a sua vítima, desse modo realizando-se de maneira chocante para autorrealizar-se.

Têm efêmera duração, porque os seus líderes, vencidos pelas angústias que os envenenam e que não têm coragem de enfrentar, fogem da realidade para as fantasias que se lhes transformam em pesadelos hediondos, insuportáveis...

De igual maneira, ocorrem esses fenômenos na fé religiosa, sob outros aspectos, porém com os mesmos efeitos psicológicos, nas diferentes definições em que se ajustam.

O cristianismo, por exemplo, não constituiu exceção no seu extraordinário mapa de expansão terrena.

Desde quando Lucas, o futuro apóstolo do evangelho, fascinado por Jesus Cristo, no glorioso período da pregação paulina, sugeriu que os Seus discípulos fossem chamados *cristãos*, que a identificação os inscreveu na história como os conquistadores do mundo espiritual.

A princípio, a força ciclópica da abnegação e do amor que os animava escreveu no holocausto da própria existência a mais desafiadora página de dedicação ao próximo e a Deus de que se tem notícia, e o martirológio tornou-se o sublime recurso de expansão da mensagem libertadora, que passou a dominar praticamente, no Ocidente, o mundo conhecido de então.

Todavia, conforme escreveu Santo Eusébio, cristão primitivo do século IV, à medida que as facilidades e as disputas humanas substituíram os testemunhos e os sacrifícios dos mártires, a floração sublime da fé emurcheceu e quase feneceu...

Mais tarde, a denominação passou a inspirar suspeitas, pavores e mesmo ódios, pela alucinação e pelo fanatismo que tomaram conta daqueles que, dessa maneira, identificavam-se.

Uma noite terrível, inevitavelmente, abateu-se sobre a sociedade debilmente iluminada, de quando em quando, pelos apóstolos da verdade que renasceram com a missão de sustentá-la nos estertores em que se encontrava.

Quase nada permaneceu das apoteóticas mensagens de amor e de compaixão ensinadas e vividas por Jesus, obrigando a caridade a ocultar-se, envergonhada, nos mantos da divina misericórdia...

Veio o *Consolador*, e novamente o formoso brilho do evangelho como um sol especial passou a iluminar as vidas e a aquecer o frio das almas.

Lentamente, porém, à medida que se vem popularizando, a vulgaridade e a insensatez humanas tomam conta das suas fileiras, tentando empanar-lhe as sublimes claridades.

·

Nesse báratro que domina a sociedade hodierna que estorcega nos sofrimentos inenarráveis e atemoriza-se ante as ameaças perversas de outros males sem conta, a identidade cristã perdeu quase completamente o seu significado inicial.

Negocia-se, mente-se, guerreia-se, infelicita-se em nome de Jesus, firmam-se tratados e decretos citando as Suas palavras, enquanto o ser humano prossegue abandonado à própria sorte...

Não poucos *cristãos novos*, por sua vez, que bebem na fonte lustral do evangelho desvelado pelo espiritismo a água pura e cristalina do dever, do amor e da caridade, descuidam-se da conduta crística, aquela de ser irmão dos sofredores, de seguir mil passos a mais ao lado daquele que lhe solicita a companhia por apenas mil; de dar o manto a quem necessita somente da capa; de despir-se da ostentação, do orgulho e do egoísmo para servir, ao invés de ser servido pela mensagem que se expande pelo mundo.

O campeonato das vaidades, ao lado das disputas pelos favores de César e pelas glórias de Pirro desequilibram incontáveis valorosos servidores que se comprometeram em não mais repetir os erros clamorosos do passado.

ESTERTOR agonia; declínio que precede o fim

APOTEÓTICO relativo a apoteose (o ápice de um fato); extraordinário

CONSOLADOR espiritismo, Consolador prometido por Jesus, conforme o relato evangélico de João (14:15–17, 26)

BÁRATRO abismo, despenhadeiro

HODIERNO atual, moderno, dos dias de hoje

ESTORCEGAR contorcer-se

LUSTRAL purificador

CÉSAR Caio Julio César (13/Jul/100 a.C. – 15/Mar/44 a.C.) foi um nobre, líder militar e político romano

PIRRO (318 a.C. – 272 a.C.) foi rei do Épiro e da Macedônia, tendo ficado famoso por ter sido um dos principais opositores a Roma

Iniciam o ministério do amor dominados pelo entusiasmo da ingenuidade e do encantamento, para trasladar-se para as volúpias do prazer e das compensações imediatas.

Sexo, poder, luxo e distinções sociais fascinam-nos e intoxicam-nos no festival da ilusão.

Soberbos uns e irreverentes outros, passeiam a incoerência da conduta em relação à fé nas paisagens humanas, dando a impressão de que a enfermidade, a velhice e a desencarnação jamais os alcançarão...

Abraçando as imposturas terrestres, disputam-lhes a aceitação, afadigando-se pela conquista dos comportamentos artificiais, cultivando as técnicas da comunicação exterior, esquecidos da irradiação do bem-estar, da harmonia e da alegria de viver, que os deveriam impregnar.

O exterior é-lhes mais importante do que o interior.

Apresentam-se como novos *sepulcros* do ensinamento evangélico bem cuidados por fora, e por dentro a imundície...

Cuida da tua identidade crística.

Mantém-te simples e sem atavios.

Cultiva a bondade e faze-te útil.

Sorri e ama, auxiliando sempre.

Não importa que não sejas conhecido ou afamado, lutando, porém, para seres iluminado.

Apresenta Jesus e oculta-te, recorda-O e esquece as tuas ambições enganosas, fazendo que todos aqueles que se te acerquem vejam-No em ti.

Vinculado a Jesus, seja a tua a identidade Dele.

•

A volta aos dias apostólicos é o impositivo destes hórridos e difíceis momentos.

Pode parecer paradoxal que, no século da ciência e da alta tecnologia, o amor passe a governar a vida e os seres humanos, pois que outra alternativa não existe.

Já foram tentados muitos outros comportamentos que resultaram em desar e tragédia, permanecendo imbatível o do amor, aquele que identifica a criatura com o Cristo.

DESAR desgraça; ato vergonhoso

Experimenta-o, e não te preocupes mais com nada...

• • •

PODE PARECER PARADOXAL QUE, NO SÉCULO DA CIÊNCIA E DA ALTA TECNOLOGIA, O AMOR PASSE A GOVERNAR A VIDA E OS SERES HUMANOS, POIS QUE OUTRA ALTERNATIVA NÃO EXISTE. JÁ FORAM TENTADOS MUITOS OUTROS COMPORTAMENTOS QUE RESULTARAM EM DESAR E TRAGÉDIA, PERMANECENDO IMBATÍVEL O DO AMOR. EXPERIMENTA-O, E NÃO TE PREOCUPES MAIS COM NADA...

em BUSCA *da* ILUMINAÇÃO 3

NO CRISTIANISMO PRIMITIVO, A FÉ REPRESENTAva o elo de perfeita identificação da criatura renovada com Jesus.

A fim de confirmá-lo, ninguém se escusava ao martírio, sendo que, em algumas circunstâncias, buscavam-no jubilosamente.

A coroa do holocausto constituía honra não merecida, graças à qual não havia recusa à fidelidade nem recuo na direção da apostasia.

Os casos que ocorriam, muito raros, aliás, representavam a variedade dos caracteres que distinguem as criaturas humanas, e aos crentes ainda não convencidos da alta magnitude da conversão, o direito de preservar o corpo, fugindo ao testemunho então exigido...

O que impressiona, ao recordar-se daqueles mártires, é a coragem defluente da aceitação do Mestre, muitas vezes aos primeiros contatos com a fé libertadora, e sem muito tempo que houvesse sido dedicado à reflexão. É como se aguardassem a Sua mensagem que, ao ser percebida, diluía toda a sombra da ignorância, facultando o entendimento real do significado da existência terrestre.

Ouvindo a palavra de consolo e as expectativas a respeito do reino de Deus, os corações renovavam-se, e a vida, antes

ESCUSAR recusar-se; dispensar

MARTÍRIO tortura ou morte infligidos a alguém por causa de sua fé ou de suas ideias

JUBILOSAMENTE de forma jubilosa (tomado por intensa alegria ou grande contentamento)

HOLOCAUSTO imolação; sacrifício

APOSTASIA renúncia de uma religião ou crença, abandono da fé

DEFLUENTE que se origina; decorrente

destituída de valor, adquiria um sentido surpreendente, arrebatando o espírito e renovando-o.

À semelhança de prisioneiros no corpo físico, ao tomarem conhecimento do evangelho, rompiam-se-lhes os ergástulos vigorosos ante as poderosas lições do pensamento de Jesus.

O martírio era recebido com hinos de louvor e júbilos, mesmo que a debilidade emocional às vezes gerasse pavor e lágrimas, no abismo a que eram atiradas as vítimas da crueldade. O momento do sacrifício era encarado como o instante em que se aureolavam de tudo quanto os sentimentos nobres aguardavam, felicitando-os.

Ante essa desconhecida energia que vitalizava os mártires, os seus algozes mais se enfureciam, aplicando mais terríveis azorragues e punições que, de forma alguma, aquebrantavam-lhes o ânimo. Pelo contrário, quanto mais açoites e ondas de ódio, mais resignação e misericórdia mantinham em relação aos sicários implacáveis. Essa reação de amor desequilibrava-os, porque eles aguardavam a presença do ódio a que estavam acostumados nas refregas da inferioridade moral a que se entregavam.

Jesus, desde quando passava a ser conhecido, mudava-lhes completamente os conceitos existenciais e o sentido psicológico em torno da vida.

A aspiração pela independência ao corpo, a fim de ser fruída a liberdade total, fascinava-os e os conduzia aos piores tipos de execução com o rosto iluminado pela esperança de plenitude.

Deixavam-se entranhar pelas sublimes lições de amor ensinadas pelo Amigo Sublime e experimentavam o suave e doce encantamento da paz que passavam a sentir, adornando-se da alegria imortalista.

Jesus conquistava-os plenamente, e eles deixavam-se conduzir em totalidade pelo enlevo e encantamento da Sua mensagem.

Quanto mais severas as punições injustas, mais deslumbramento e mais dedicação daqueles que se Lhe afeiçoavam.

Foi esse estoicismo invulgar, dantes e depois jamais igualado, que inscreveu nas páginas da história a presença insofismável e inapagável de Jesus.

•

Com a adesão da fé cristã à política infeliz do império romano e com a formulação engessadora nos dogmas, deixou de arder nos corações e de iluminar as mentes, para transformar-se a crença em entidade terrena poderosa, na qual o poder tornava-se essencial em detrimento do amor sublime que a caracterizava.

Mediante a alteração dos objetivos, a troca do reino dos céus pelas ilusões e glórias mentirosas de César no mundo, o combustível poderoso da fé escasseou e a convicção cedeu lugar às conveniências humanas.

Salvadas algumas exceções, que foram os mártires de todos os tempos, os discípulos de Jesus, na atualidade, pouco diferem daqueles que O não aceitam.

As perseguições, antes sofridas, passaram a ser infligidas por eles próprios aos outros, que se lhes opunham, ante a fascinação das conquistas e louvaminhas humanas. A vida espiritual cedeu lugar ao luxo e à prepotência, à dominação e à arbitrariedade.

Quando esmaeceu quase totalmente ante os camartelos da ciência que a tem desprezado, perante o comportamento dos que se diziam discípulos de Jesus, então escassos de servidores fiéis e abnegados, o vazio existencial tomou conta da sociedade, gerando desequilíbrios e alucinações.

Nesse comenos de dor e de amargura, o *Consolador* chegou à Terra e reacendeu a chama da verdade, arrancando-a dos dogmas ultramontanos e reativando a pulcritude dos ensinamentos incomparáveis do Mártir do Gólgota...

JOANNA DE ÂNGELIS

ESTOICISMO resignação diante do sofrimento, da adversidade, do infortúnio

INSOFISMÁVEL indiscutível, irrefutável, incontestável

DOGMA ponto fundamental de uma doutrina, apresentado como certo e indiscutível

CÉSAR Caio Julio César (13/Jul/100 a.C. – 15/Mar/44 a.C.) foi um nobre, líder militar e político romano

LOUVAMINHA elogio excessivo; adulação, lisonja

ESMAECER perder o vigor; enfraquecer

CAMARTELO instrumento usado para quebrar, demolir

COMENOS ocasião, oportunidade, instante

CONSOLADOR espiritismo, Consolador prometido por Jesus, conforme o relato evangélico de João (14:15–17, 26)

ULTRAMONTANO relativo ao ultramontanismo (doutrina que defende a infalibilidade papal)

PULCRITUDE formosura, perfeição

COMETIMENTO empreendimento, propósito

UTILITARISMO teoria que considera a boa ação ou a boa regra de conduta caracterizáveis pela utilidade e pelo prazer que podem proporcionar

TERCEIRA REVELAÇÃO espiritismo, terceira revelação da lei de Deus (Moisés apresentou a primeira revelação; Jesus, a segunda)

MASOQUISMO atitude de uma pessoa que busca o sofrimento, a humilhação, ou que neles sente satisfação

SOEZ vil, ordinário

Novos cometimentos de amor passaram a surgir nos grupos sociais convidados à reflexão pelos Espíritos abnegados que voltaram ao mundo como estrelas apontando rumos e convidando à caridade consoladora, que agora passa a despertar o interesse dos novos discípulos do evangelho.

Nada obstante, ante a implacável força do materialismo e do utilitarismo, a debandada de inúmeros servidores da Terceira Revelação, atirando-se às multidões do prazer e do gozar, é lamentável e devastadora ocorrência não esperada.

Por mais sejam demonstradas as faces nobres da imortalidade do Espírito, as conveniências sociais e as vaidades humanas dominam aqueles que se deveriam dedicar à renovação e ao trabalho de construção do mundo feliz.

Ninguém deseja nenhum testemunho nos dias atuais, e ante a dor natural, o sofrimento de qualquer natureza, de imediato deseja-se solução mágica, a golpe de interferência do sobrenatural, gerando uma comunidade que seria privilegiada e diferente.

Qualquer afeição ao sacrifício e à renúncia dos bens terrenos em favor da autoiluminação indispensável à harmonia é rotulada de masoquismo ou de fuga psicológica da realidade.

Escasseiam os esforços em favor da libertação dos vícios e das paixões soezes que vêm perturbando o processo de elevação, desde há muito facultando condutas totalmente opostas aos objetivos da reencarnação.

Não se deseja nenhuma dor, no entanto, devedora como é a criatura humana, prefere transferi-la para além da morte ou para futuros renascimentos, como se fosse possível evitar-se o processo de evolução por comodidade.

A doutrina espírita, entretanto, ensina que os lances de provas e angústias fazem parte do mecanismo de reabilitação e de desenvolvimento intelecto-moral na busca da libertação total.

A dor é, ainda, o abençoado recurso de despertamento do

ser humano que, meditando, encontra os melhores métodos para a vitória sobre as paixões do ego.

•

Não te permitas confundir, quando convidado ao testemunho, ou lamentar a existência, diante dos sofrimentos inevitáveis.

Indispensável a luta interior pela tua transformação moral para melhor.

Resgatando hoje, o amanhã surgirá pleno de bênçãos, e, desde agora, experimentarás especial energia de paz, encorajando-te ao prosseguimento.

Robustece-te na fé ante a dor com a irrestrita confiança em Deus, tomando Jesus como o teu caminho para Ele, e não temas nunca!

Quando suceder a chegada do teu momento de sofrer, alegra-te e avança em paz.

Assim agindo, já estás com a alma iluminada pela sublime claridade do amor de Jesus.

• • •

EGO centro da consciência; é parte da identidade do indivíduo, responsável pela relação com o mundo exterior e pela busca das necessidades do ser

> ROBUSTECE-TE NA FÉ ANTE A DOR COM A IRRESTRITA CONFIANÇA EM DEUS, TOMANDO JESUS COMO O TEU CAMINHO PARA ELE, E NÃO TEMAS NUNCA! QUANDO SUCEDER A CHEGADA DO TEU MOMENTO DE SOFRER, ALEGRA-TE E AVANÇA EM PAZ. ASSIM AGINDO, JÁ ESTÁS COM A ALMA ILUMINADA PELA SUBLIME CLARIDADE DO AMOR DE JESUS.

LAZERES
e DIVERTIMENTOS

4

A INDÚSTRIA DO TURISMO, HABILMENTE MANIPU-lada, vende os pacotes da ilusão como anestésico para a consciência da responsabilidade, desviando o ser humano do seu programa de autodignificação mediante o esforço que deve ser desenvolvido através da consciência lúcida em torno dos objetivos essenciais da existência terrena.

Muitos indivíduos trabalham afanosamente, acumulando recursos amoedados e o cansaço inevitável, estresse e angústia em decorrência da luta em demasia, mantendo a expectativa de fruir lazeres e divertimentos que lhes trariam reequilíbrio e alegria pura.

Afinal, o objetivo essencial do viver não é o de desfrutar as concessões artificiais que diariamente são renovadas e podem ser conseguidas mediante os recursos financeiros.

Como efeito, empenham-se para compensar a ausência física e emocional no lar, ao lado da família, pelo anseio de ganhar mais dinheiro, proporcionando-se e a todos os membros domésticos férias coletivas, numa fuga psicológica da realidade do dia a dia, que é a participação dos problemas e desafios no seio dessa célula de valor ímpar que são os familiares.

À semelhança de aves gárrulas, realizando a viagem dos sonhos e do espairecimento, visitam lugares consagrados ao ócio, onde predominam a beleza das paisagens, os artefatos

AFANOSAMENTE com afã; empenhadamente, trabalhosamente

FRUIR desfrutar, gozar, utilizar

GÁRRULO que canta muito

ESPAIRECIMENTO distração, divertimento, entretenimento

ÓCIO falta de ocupação; inação; lazer; preguiça

de alto valor tecnológico para o esquecimento dos problemas, vivenciando o mundo de fantasias e do cansaço, das caminhadas exaustivas, dos suores e dos aborrecimentos inevitáveis, esteja-se onde se estiver...

Quando se chegam aos lugares paradisíacos, passada a primeira emoção, logo se descobre que quase todo mundo tomou a mesma decisão, escolheu o mesmo local e suas ofertas fantásticas, passando a ouvir os guias monótonos, as crianças em fase de irritação, as despesas não previstas, que pioram o orçamento, algum desencanto inicial...

ANELADO muito cobiçado; desejado

Ao invés do repouso anelado, defronta-se o corre-corre das filas imensas ou o silêncio dos lugares selecionados que, após algum tempo, induzem ao tédio e ao arrependimento.

As promoções muito bem elaboradas magoam aqueles que não podem participar dessas festas, sentindo-se humilhados no grupo social, levando-os à depressão.

Que busca, afinal, a criatura humana, senão as aparências, os aplausos, a ilusão?

É claro que todo esforço prolongado culmine em cansaço e mal-estar, causando sensações de aniquilamento e de abandono.

A recreação surge, como estímulo renovador, capaz de proporcionar júbilo, facultando estímulos edificantes.

JÚBILO intensa alegria, grande contentamento

O ser humano é possuidor de inesgotável cabedal de energias e de vitalidade.

Sucede que, fascinado pelo exterior, não se anima a auto-penetrar-se, a encontrar as respostas claras para as próprias necessidades.

A fantasia, que faz parte da imaginação enriquecida, convida aos voos, alguns alucinantes das conquistas consumistas, ou à jornada dos problemas, quando a vida propõe os enfrentamentos que são superados pelas naturais soluções.

Nessa sofreguidão, o indivíduo não pensa na sua realidade imortal, optando pela enganosa postura de vítima necessitada

DIVALDO FRANCO

de apoio, invejando os lutadores que considera como privilegiados pela vida.

Há lazeres no lar, no trabalho, na comunidade, ricos de divertimentos domésticos não desgastantes, como frutos da consciência objetiva do dever.

•

Se te sentes afadigado no trabalho a que te dedicas, muda a rotina, retempera o ânimo e sentirás renovação emocional, tornando-te tranquilo.

Reflexiona em torno dos teus compromissos e põe-lhes o *sal do amor*, pensando nas metas a alcançar, especialmente quando portadoras de significado profundo.

Considera que o trabalho é bênção que deves honrar, não acalentando o anseio infantil somente de férias e de repouso.

Quem opera no bem conscientemente experimenta inefável alegria e, quando é alcançado pela estafa, transfere-se para outro tipo de ação, renovando-se e prosseguindo.

Toda ilusão, ao ser defrontada pela realidade e esfumar-se, deixa significativas marcas de desencanto. Ocorrendo-lhe a morte, alguns indivíduos também sentem o morrer das suas aspirações caracterizadas pela falsa necessidade do gozo, do prazer, do possuir...

As alegrias das férias de encantamento passam e retornam os compromissos que ficaram aguardando, esquecidos nos escaninhos da magia e do encantamento de breve duração.

Pessoas que residem nas montanhas e entediam-se com as paisagens encantadoras anelam por viver à beira-mar, nas praias, onde outras que ali vivem, desmotivadas pelo largo período no mesmo local, sonham com os altiplanos...

Enquanto os turistas risonhos locupletam-se nos paraísos do prazer, os funcionários que os servem com sorrisos profissionais, muitas vezes interiormente irritados, acalentam o

AFADIGADO cansado; aborrecido, entediado

INEFÁVEL que não se pode descrever em razão de sua natureza, força, beleza; indescritível

ESTAFA extremo cansaço; esgotamento

ANELAR desejar intensamente

ALTIPLANO planalto

LOCUPLETAR tornar-se cheio; encher-se, abarrotar-se

IRREFREÁVEL
que não se pode
reprimir; irreprimível

LABORAR
trabalhar; realizar

JUBILOSO
tomado por júbilo

AMARFANHAR
causar maus-
-tratos; abater

EGO centro da
consciência; é parte
da identidade do
indivíduo, responsá-
vel pela relação com
o mundo exterior
e pela busca das
necessidades do ser

ESPAIRECER
distrair-se, divertir-
-se, entreter-se

desejo, quase irrefreável, de fugir dali para outros locais onde gostariam de estar e de serem servidos.

Não acolhas a tristeza, quando não possas fazer parte dos grupos sorridentes de conquistadores do mundo mágico da imaginação deslumbrada.

Estabelece um programa a respeito de tudo quanto te é importante ou secundário e labora com disposição jubilosa, e nenhum cansaço te amarfanhará as horas.

Preenche as tuas horas com atividades produtivas, e naquelas dedicadas ao repouso, ao lazer, não te desligando da realidade, prosseguindo ativo mentalmente e com emoção de felicidade.

Contempla os grupos ruidosos dos festeiros e divertidos após as celebrações, e verás a máscara do mal-estar afivelada à face ou a aceitação para dizer aos outros como foram as alegrias, numa necessidade de exibir o ego, assim apaziguando a frustração.

Vida alegre é assinalada pelo trabalho contínuo, enriquecedor e natural.

Faze do teu lar o abençoado reduto de ação e de paz, onde a alegria seja resultado do prazer de viver e de amar.

E quando possas espairecer, mudando de ambiente, procurando lazeres e divertimentos convencionais, vive-os no seu momento próprio, sem que se te façam pesada carga de despesas inoportunas ou geradoras de futuros desencantos.

•

Jesus até hoje trabalha, conforme acentuou, referindo-se ao Pai que nunca cessou de agir.

O cristão primitivo, no sublime trabalho da autoiluminação e da caridade, encontrava a inigualável alegria que os lazeres e divertimentos de fora jamais conseguem proporcionar.

Desse modo, mantém-te desperto, de forma que a noite da ilusão não te sombreie o dia de ação, anunciando-te júbilos que se transformam em esgares.

•••

ESGAR
careta de desprezo

O CRISTÃO PRIMITIVO, NO SUBLIME TRABALHO DA AUTOILUMINAÇÃO E DA CARIDADE, ENCONTRAVA A INIGUALÁVEL ALEGRIA QUE OS LAZERES E DIVERTIMENTOS DE FORA JAMAIS CONSEGUEM PROPORCIONAR. DESSE MODO, MANTÉM-TE DESPERTO, DE FORMA QUE A NOITE DA ILUSÃO NÃO TE SOMBREIE O DIA DE AÇÃO, ANUNCIANDO-TE JÚBILOS QUE SE TRANSFORMAM EM ESGARES.

TESOURO INAPRECIÁVEL

5

TOMÁS DE KEMPIS FOI UM SUAVE MENSAGEIRO DE Jesus que se emboscou na roupagem carnal revestido pela condição de monge modesto, para copiar livros e mensagens que iluminaram o mundo...

EMBOSCAR
pôr oculto; esconder

Em pleno século xv, numa Alemanha destroçada, onde o poder político ultrajado perdia-se em intrigas intérminas e lutas incessantes, ele permanecia no seu mister, ao tempo em que também anotava as próprias reflexões.

MISTER
ofício; ocupação

Foi no silêncio da abnegação que escreveu o *Imitação de Cristo*, que se transformou num vade-mécum semelhante à *Bíblia*, sendo traduzido para inúmeros idiomas, consolando dezenas de milhões de vidas através dos tempos...

VADE-MÉCUM
livro, manual de consulta frequente

Ele, porém, elegera o anonimato, porque o importante era a mensagem e não o mensageiro.

O rei Luís ix, da França, celebrizou-se pelo amor e pela sabedoria cristã, sendo considerado um dos grandes vultos da Idade Média, dedicando-se à fé religiosa e à sua vivência.

Organizou e dirigiu a oitava cruzada, vindo a desencarnar em Túnis, na África do Norte, no dia 25 de agosto de 1270, vitimado pela peste, sem haver alcançado o objetivo do empreendimento para o qual fora criado.

Sua certeza a respeito da divina ajuda tornou-o exemplo de fé invencível.

Conta-se que, quando viajava por barco na direção do Oriente, uma tempestade ameaçou a embarcação em que se encontrava, provocando pânico na tripulação e em todos os presentes. Ele ajoelhou-se e orou longamente, após o que afirmou a todos jovialmente:

— Coragem! Nenhum mal nos acontecerá. Sigamos em paz.

Interrogado a respeito da certeza que o dominava, redarguiu, sereno:

— As preces dos nossos irmãos do mosteiro de Claraval acompanham-nos...

E realmente nada aconteceu à embarcação e aos seus viajantes.

Israel esperava, no esplendor do império romano, que viesse o messias.

Quando João, o *batista*, começou a proclamar que era chegada a hora e que todos se penitenciassem, arrependendo-se e mudando de vida, muitos daqueles que o ouviam acreditaram que, por fim, estava chegando o grande guerreiro que libertaria o povo oprimido, que estorcegava sob o tacão imperialista, transferindo-lhe a prepotência, o orgulho da raça, a glória de mentira em torno da dominação do mundo...

E veio Jesus, simples e nobre como o lírio do campo, puro e vigoroso como uma espada nua, pregando o reino dos céus, aquele que é indimensional, que dispensa todos os aparatos e exterioridades.

Em razão disso, não foi aceito, porque o orgulho cego desprezava a pureza, tinha a simplicidade como miséria moral e a pobreza como condenação divina.

... Até hoje, infelizmente, embora os exemplos de exaltação dos valores espirituais, o *culto ao bezerro de ouro* predomina terrível, iludindo os fantasiosos que supõem não terem como enfrentar a consciência que despertará um dia.

ESTORCEGAR
contorcer-se

TACÃO domínio tirânico ou influência dominadora

INDIMENSIONAL que não se pode dimensionar

Acreditam no poder político, agarram-se às velhas fórmulas da corrupção e do vandalismo moral, pretendendo-se uma existência física sem termo, como se a enfermidade, a velhice e a morte não os derrubasse dos pedestais da ilusão onde vivem fascinados.

Sucede que o orgulho, esse filho espúrio do egoísmo, não aceita contradita, não admite posição secundária, e a postura de bondade que assume é, normalmente, um disfarce para esconder a agressividade e os sentimentos doentios que predominam no íntimo das suas vítimas.

ESPÚRIO
ilegítimo, bastardo

•

Acautela-te desse morbo infeliz que destrói as belas florações do bem, do humanitarismo, da caridade...

MORBO enfermidade, moléstia

Não lhe dês trégua onde quer que se homizie e o percebas.

HOMIZIAR esconder

Aprende a cultivar o tesouro inapreciável do amor sem jaça, que se doa sem exigência, que se sacrifica em júbilo, que constrói em silêncio.

JAÇA mácula

JÚBILO intensa alegria, grande contentamento

Torna-se indispensável que treines abnegação e renúncia, e todo o bem que faças não aguardes retribuição de forma alguma.

Preserva o prazer de servir pela alegria imensa de seres útil.

Recebes o ar, o Sol, a natureza em festa que se renovam incessantemente, ajudando-te no crescimento para Deus. Nada te exigem e quase não lhes percebes a grandeza, a utilidade, o valor indispensável.

Acompanha o leito de humilde regato e o verás crescer suavemente recebendo afluentes que o transformam em rio caudaloso na busca do oceano, onde mistura as suas nas águas volumosas que o absorve.

REGATO
riacho, córrego

Trabalha, desse modo, confiando em Deus, e autoiluminando-te, considerando-te somente como servidor.

És importante no grupo social, porque podes erguê-lo às cumeadas do progresso, assim como dispões de mecanismos

CUMEADAS
ponto mais intenso, apogeu, ápice

para desagregá-lo por impertinência, presunção ou primitivismo emocional.

Nunca, porém, serás insubstituível.

Reconhece as tuas fragilidades, a dimensão do teu real valor e faze o melhor que esteja ao teu alcance, sem jactância, sem presunção.

Não te permitas magoar quando os fatos não sucederem conforme gostarias e jamais te decepciones com o teu próximo. Tem em mente as tuas próprias dificuldades e o compreenderás nos desafios que enfrentas.

Jamais coletes na mente e no sentimento o lixo tóxico do ressentimento, do ódio, da amargura, que te fará imprevisto mal.

És o que de ti mesmo fazes.

Aprende a ser feliz, amando e ajudando, de modo que esse tesouro nunca te seja retirado, antes se faça multiplicado.

Grandioso e insuperável, o amor é o poder que não toma espaço, que não sobrecarrega, que não se desgasta.

Assim procedendo, tornar-te-ás simples e bom, crescendo em silêncio e em paz no rumo de Deus.

Não te facultes atingir pelas setas da inferioridade que ainda te ferem os sentimentos.

Esse amor sem dimensão dilui os miasmas densos do orgulho e da loucura do ego.

•

Renasceste para conquistar a verdade adormecida no teu íntimo.

Porfia e ama.

Jesus convidou-te por amor e prossegue amando-te, proporcionando o campo de ação para o treinamento da tua evolução.

Fixa na mente que os piores inimigos do ser humano encontram-se no íntimo dele mesmo, que sintoniza com as equivalentes ondas da inferioridade moral e espiritual.

Amando e renunciando, sintonizarás com a vida gloriosa, que é o teu fanal.

FANAL farol; guia

•••

FIXA NA MENTE QUE
OS PIORES INIMIGOS DO SER
HUMANO ENCONTRAM-SE
NO ÍNTIMO DELE MESMO,
QUE SINTONIZA COM
AS EQUIVALENTES ONDAS
DA INFERIORIDADE MORAL
E ESPIRITUAL. AMANDO
E RENUNCIANDO,
SINTONIZARÁS
COM A VIDA GLORIOSA,
QUE É O TEU FANAL.

a PAISAGEM HUMANA *do* SOFRIMENTO

6

PARA ONDE DIRECIONES O OLHAR DETECTARÁS O sofrimento humano presente, realizando o seu mister de burilamento dos Espíritos.

Não que a Terra seja um lôbrego hospital, onde somente se encontrem as aflições. Há bênçãos que se manifestam sob muitos aspectos, incluindo, é claro, a dor que desempenha relevante papel no processo evolutivo dos seres.

Na sua condição de escola de aprimoramento moral, a dor realiza um labor de fundamental importância para a educação do Espírito.

Diante da rebeldia que predomina em a natureza humana, as propostas edificantes e iluminativas nem sempre recebem a consideração que lhes deve ser oferecida. E quando isso acontece, as soberanas leis recorrem aos impositivos disciplinadores, entregando o calceta aos métodos de recuperação com caráter de severidade.

Estabelecem-se, então, os programas de sofrimento purificador.

Felizmente, o conhecimento da realidade espiritual proporciona os recursos hábeis para os enfrentamentos necessários à transformação moral.

Ignorando-se a lógica da evolução, é compreensível que o quadro reeducativo se transforme em cárcere punitivo ou

MISTER trabalho

BURILAMENTO aprimoramento, aperfeiçoamento

LÔBREGO escuro, sombrio

LABOR trabalho

CALCETA que cometeu um delito e está obrigado à sua recomposição

CÁRCERE cadeia, prisão

fenômeno de castigo, levando o rebelde a situações deploráveis que somente as expiações severas logram equilibrar.

Desse modo, ninguém se surpreenda ao considerar grande parte da sociedade como um grupo de excelentes artistas que dissimulam as emoções e ocorrências menos felizes, dando a impressão de que a sua existência transcorre em calmaria e júbilos incessantes.

Ninguém existe, no mundo físico, que se encontre indene ao sofrimento.

Enquanto uns se iludem por algum tempo, dando a impressão de que são invulneráveis à dor, outros estorcegam no desespero, máscara retirada do rosto e marcas profundas de aflição macerando sem cessar...

A dor é, sem dúvida, uma educadora sublime e incompreendida, cuja missão é tornar felizes os desventurados, desde que, em razão do fustigar dos seus acúleos, a consciência desperta para as finalidades sublimes da vida.

Sob disfarces variados ou desnudado, o sofrimento campeia, conduzindo as mentes distraídas à reflexão inevitável.

Esse indivíduo trabalha no bem e supõe-se credor somente das bênçãos da saúde e das benesses materiais. Aquele outro oferece sacrifícios e cumpre promessas na tentativa de subornar a divindade que o isentaria do sofrimento.

Vãos comportamentos esses, porque a ação do bem, sob qualquer aspecto considerada, faz-lhe bem, edifica-o, mas não o impede de vivenciar as experiências aflitivas encarregadas da aferição dos valores morais...

•

Observas, quase com inveja, os outros que galvanizam as massas, que desfilam no pódio da fama, e ignoras os conflitos em que se debatem, a intranquilidade em que passeiam a beleza, o poder, a glória, todos ilusórios...

Os *deuses* do sexo recebem aplauso em toda parte, exibem os dotes eróticos que desenvolvem, acumulam somas monetárias expressivas, sofrendo em silêncio abandono e abuso de toda ordem, e lamentas a tua ausência de idênticos atrativos...

Não sabes, porém, o quanto de solidão os assinala, quanto são explorados por outros que lhes concedem migalhas, o vazio existencial que experienciam...

Os astros dos esportes de massas que atingem o máximo e têm tudo, bem jovens ainda, insatisfeitos e aturdidos, mergulham no alcoolismo, na drogadição, nas depressões profundas...

Não é tua a dor, que somente a ti pertenceria...

Jesus, que é o excelente filho de Deus, sem nenhum débito perante a consciência cósmica, elegeu o sofrimento acerbo que não culminou na crucificação, pois que prossegue até hoje incompreendido, ensinando-nos resignação ante os aparentes infortúnios e proporcionando coragem diante das vicissitudes a que todos são chamados...

> ACERBO cruel, terrível

> VICISSITUDE condição que contraria ou é desfavorável a algo ou alguém; insucesso, revés

Não te intoxiques com as queixas e reclamações ante os teus testemunhos.

Poupa o teu próximo com as tuas lamúrias, porque a dor é tua, mas também é de todos, pois que aqueles que eleges para narrar as dores também carregam pesados fardos, que vão procurando conduzir com elevação.

> LAMÚRIA queixa; ato de falar de modo triste; lamento

Não creias que aquele que te aconselha viva em privilégio. A sabedoria com que te orientas haure-a no eito da aflição mantida com dignidade.

> EITO golpe

Se conheces a reencarnação, sabes que todo efeito provém de causa equivalente, e que, portanto, todas as ocorrências fazem parte do roteiro iluminativo de todos os seres.

Consciente e conhecedor das leis da vida, alegra-te com o ensejo de crescer e de sublimar-te, avançando com coragem e destemor estrada afora, cantando o hino de louvor e de reconciliação.

> SUBLIMAR purificar-se; elevar-se

JOANNA DE ÂNGELIS

Agradece a Deus a oportunidade que te é oferecida para a recuperação moral e espiritual, cultivando o sentimento de paz que tem função terapêutica no teu calvário, menos afligente, às vezes, do que o daquele a quem recorres buscando auxílio.

O espiritismo não é o mensageiro da eliminação do sofrimento. Antes, é o consolador que te oferece recursos hábeis para que superes todo e qualquer conflito, amargura, provação, construindo o futuro melhor que te espera...

A tempestade que vergasta a floresta é a responsável pelas futuras vergônteas exuberantes que se pejarão de flores e de frutos.

O mesmo ocorre contigo.

Tem paciência e nunca desistas da luta, nem te consideres perseguido pela justiça divina.

•

A paisagem humana é abençoado rincão do processo evolutivo pelo Pai oferecido ao Espírito que necessita desenvolver a sublime chama que lhe arde no íntimo.

Renova-te sempre e sem cessar, fazendo que cardos sejam flores e feridas purulentas convertam-se em condecorações de luz.

Bendize as tuas dores e transforma as lágrimas de agora em futuras pérolas de incomparável beleza, com que te coroarás ao término da jornada, vitorioso sobre a noite das aflições...

•••

RENOVA-TE SEMPRE
E SEM CESSAR, FAZENDO
QUE CARDOS SEJAM FLORES
E FERIDAS PURULENTAS
CONVERTAM-SE EM
CONDECORAÇÕES DE LUZ.
BENDIZE AS TUAS DORES E
TRANSFORMA AS LÁGRIMAS
DE AGORA EM FUTURAS
PÉROLAS DE INCOMPARÁVEL
BELEZA, COM QUE TE
COROARÁS AO TÉRMINO DA
JORNADA, VITORIOSO SOBRE
A NOITE DAS AFLIÇÕES...

ASSIM PASSA

7

SÓCRATES, O EMINENTE DISCÍPULO DE ANAXÁGO-ras e nobre mestre de Platão, mediante os sofismas bem elaborados, introduziu na filosofia o comportamento ético-moral.

Graças às suas magníficas lições, foi possível ampliar o pensamento filosófico, ensejando a possibilidade de uma existência feliz, quando respeitados os valores que elevam o ser e o distinguem do bruto, do pessimista, do hedonista ou do simplesmente atormentado pelos conflitos psicológicos.

Baseando-se na imortalidade da alma, facultou que se entendessem as interrogações e os enigmas ancestrais e vigentes no seu tempo, elucidando quem é o ser humano, de onde vem, para onde vai e por que sofre...

Apoiando-se em reflexões profundas em torno da existência, após haver exercitado algumas profissões que lhe não preencheram o mundo íntimo, compreendeu que a sua ascendência influenciava significativamente a sua maneira de ser transcendente...

Seu genitor, por exemplo, Sofrônico, era excelente escultor, havendo-se salientado nessa arte, que ele aprendeu também, mas não a exerceu. Mais tarde, porém, concluiu que também era um escultor, porque arrancava a alma da argamassa externa e a embelezava com o conhecimento, dando-lhe brilho e oferecendo-lhe a grandeza da sabedoria.

SOFISMA argumento ou raciocínio concebido com o objetivo de produzir a ilusão da verdade

HEDONISTA partidário do hedonismo (busca incessante do prazer como opção de vida)

VIGENTE que está em vigor; que vigora; que vige

TRANSCENDENTE superior, sublime; que excede a natureza física

ARGAMASSA mistura que serve para sustentar, unir ou dar forma na construção de algo

PARTEIRA mulher que não é médica, mas assiste e auxilia as parturientes (quem está em trabalho de parto)

NASCITURO aquele que vai nascer

MAIÊUTICA método socrático que consiste na multiplicação de perguntas, induzindo o interlocutor na descoberta de suas próprias verdades e na conceituação geral de um objeto

INEXORABILIDADE qualidade do que é inexorável (inelutável, fatal; contra o qual nada pode ser feito)

ORÁCULO DE DELFOS templo situado em Delfos (antiga cidade da Grécia), em que os gregos faziam consultas aos deuses, principalmente Apolo

CÁRCERE cadeia, prisão

CICUTA suco extraído de uma planta venenosa

Por outro lado, sua mãe, Fenáreta, era parteira, e ele percebeu que ela se fazia responsável por trazer vidas à existência terrena, lutando para que sobrevivessem a genitora e o nascituro, descobrindo-se, de alguma forma, também nessa condição, por desvelar o conhecimento àqueles que se encontravam no claustro da ignorância, orientando-os na vida que lhes oferecia com segurança.

Com esse raciocínio elevado, apresentou a sua *maiêutica*, que se caracteriza com as mesmas condições propiciadas pela parteira, fazendo *parir* todas as criaturas, induzindo-as à busca das *verdades eternas*, dos *princípios morais* essenciais à felicidade.

Lutou tenazmente pela verdade, entregando-se-lhe em caráter de totalidade.

Avançou, através das etapas da existência, *iluminando* consciências, tendo sempre na mente a inexorabilidade da morte com o seu caráter libertador.

Denunciado por Mileto, Anito e Licon, por *corromper a juventude* e negar a autoridade dos *deuses pátrios*, foi levado a julgamento e evitou defender-se, tendo em vista a sua existência grandiosa.

Foi condenado à morte e manteve o conceito oferecido pelo oráculo de Delfos para a sua existência: *Conhece-te a ti mesmo...*

Recusou a liberdade proposta pelo seu discípulo Críton, que o convidou a evadir-se do cárcere, graças ao suborno do guarda que velava pelo seu cativeiro, optando pela desencarnação digna à existência covarde e fugaz...

Sorveu a cicuta em paz e recomendou que pagassem a dívida de um galo a Asclépio (ou Esculápio), o deus da medicina...

Assim passa a jornada humana, por mais se alongue na direcional do tempo sempre imutável.

Afirma-se, invariavelmente, que *o tempo passa*... Nada obstante, pela sua condição de inexorabilidade, todos e tudo atravessam-no enquanto ele permanece inalterado...

•

Se te encontras no período juvenil da viagem humana, valoriza a oportunidade, adquirindo conhecimentos e mourejando de maneira que no futuro não lamentes nem te arrependas tardiamente das ações praticadas no passado.

MOUREJAR
trabalhar muito

A juventude não é somente uma fase orgânica, mas é todo o tempo em que se pode olhar para trás sem ter constrangimento ou vergonha das atitudes que denigrem o caráter.

Se avanças pela fase adulta, observa as mudanças que se operam no teu organismo e transforma as experiências em tesouros que te proporcionem sabedoria para bem viveres, seja em qual situação se te apresente.

Se logras alcançar a longevidade, aplica quanto armazenaste em conhecimentos e vivências edificantes, de modo que os teus sejam dias de harmonia e de ação direcionados para a plenitude.

LOGRAR conseguir

Quase ninguém deseja alcançar a idade avançada, sendo curioso notar-se que também não deseja desencarnar, o que constitui um paradoxo. O problema, porém, não é viver pouco ou muito no corpo, mas bem viver o tempo que lhe seja permitido...

PARADOXO
aparente falta de nexo ou de lógica; contradição

Passam as horas de alegria na juventude louçã, assim como as de expectativas dolorosas.

LOUÇÃO
cheio de brilho e frescor; viçoso

Que tenhas a lucidez de aprender cada lição que te possa servir de diretriz de segurança no porvir.

Cada período existencial reveste-se de características próprias que devem ser valorizadas, delas retirando os mais úteis aprendizados.

Não raro, a velhice apresenta-se assinalada pelo desgaste orgânico, pelos distúrbios emocionais e pelos transtornos profundos da mente... Quase sempre, no entanto, representando a forma equivocada ou não decorrente do trânsito carnal vivenciado nos períodos que a precedem.

Eis por que, de igual maneira que se pensa na previdência econômica para o período mais difícil, nunca se deve esquecer daquela de natureza imortalista, que é a preparação do futuro espiritual, cultivando pensamentos saudáveis e realizando atividades enobrecedoras.

Iludido na enfibratura carnal, o Espírito posterga a autoiluminação, olvida os deveres mais significativos, deixando-se envenenar pelas fixações tormentosas e pelas condutas extravagantes.

É natural que, na senectude, os frutos dessa sementeira infeliz se apresentem amargos, quando não se tornam tóxicos...

Nada obstante, no passar de tudo, as mudanças que se impõem no corpo, a degeneração dos tecidos e os desejos insaciáveis apresentam-se devastadores.

Vive, pois, de tal maneira o *conhece-te a ti mesmo* que, em todas as épocas da existência, preserves a sabedoria, a paz e o amor.

•

Iluminando a ética-moral de Sócrates, neste mundo relativo, no qual tudo assim passa, propôs o mestre Jesus o amor que se transforma em bênção de caridade, plenificando o ser humano para sempre.

Esses valores, portanto – conhecimento, amor e caridade –, nunca passam, permanecendo como sabedoria espiritual para a glória do ser na conquista da sua imortalidade vitoriosa.

•••

CONHECIMENTO, AMOR
E CARIDADE NUNCA PASSAM,
PERMANECENDO COMO
SABEDORIA ESPIRITUAL
PARA A GLÓRIA DO SER
NA CONQUISTA DA SUA
IMORTALIDADE VITORIOSA.

QUESTÃO *de* ÓPTICA

8

NORMALMENTE CONSIDERA-SE A INFELICIDADE como sendo todo e qualquer acontecimento que contraria o equilíbrio, que distorce o programa elaborado como se fosse o mais importante, que gera embaraço e mal-estar...

Ocorrências infaustas, pobreza, solidão, perda de objetos como de relacionamentos, desencarnação e enfermidades de seres queridos, doenças pessoais, dificuldades para a autorrealização social são considerados como verdadeiros infortúnios que dilaceram incontáveis existências humanas.

INFAUSTO
marcado pela desventura, pela infelicidade; infeliz

Compreendesse, porém, a criatura terrestre o sentido profundo e significativo da reencarnação e bendiria esses desafios que a todos devem convidar a reflexões positivas, pois que se transformarão em bênçãos, passado o clímax, não sendo a felicidade, o prazer, a fortuna, o destaque na comunidade, o aplauso e o encantamento pelo acumular de recursos que propiciam comodidade e bem-estar. O estômago saciado, as burras refertas de valores amoedados, a casa luxuosa nem sempre conseguem proporcionar a real harmonia do Espírito, que independe das coisas exteriores.

BURRA cofre

REFERTO
muito cheio

Muitos pensam na aquisição da felicidade pessoal, infelicitando os outros: latrocínios cruéis, infâmias, suborno, exploração, desvio de verbas governamentais que poderiam proporcionar a dignificação das massas, a edificação de hospitais,

CÁRCERE
cadeia, prisão

HEDIONDO horrível; pavoroso, repulsivo

ENGODO
cilada; engano

DEFLUIR
provir; originar-se

TRANSCENDENTE
superior, subli-me; que excede a natureza física

CIMO cume; topo

de escolas, de creches, a criação de organizações de beneficência, de cooperativas, fechando-se cárceres e penitenciárias, na ilusão de que, sendo poderosos, conseguem anestesiar a consciência...

Filosofia hedionda essa do egoísmo, que conduz o ser humano a transformar-se em lobo do seu irmão, devorando-lhe as *carnes da alma*.

Condutas de tal natureza estimulam a corrupção da sociedade, a perversão dos jovens iludidos pelo *canto de sereia* da mídia devoradora, dando lugar à violência, aos crimes hediondos, aos comportamentos agressivos desagregadores da existência.

Bendito, então, o sofrimento bem compreendido e aceito, porque ele contribui para a libertação real do Espírito de todos os engodos que o mantêm na retaguarda do progresso.

Felicidade, em consequência, constitui a aquisição da consciência em paz, que deflui dos pensamentos retos, das verbalizações corretas e das ações dignificantes.

A Terra ainda não alcançou o nível de paraíso. Desse modo, é uma escola formosa que hospeda aprendizes que passam pelas experiências iniciais da autoiluminação.

O sofrimento, assim, é mestre silencioso que ensina a conquista dos valores transcendentes que produzem a harmonia, auxiliando na conquista dos altos cimos.

·

A perfuratriz que atravessa diferentes camadas do solo, passando pelo granito rígido e pela areia acessível, faculta que jorrem o petróleo e a água que são indispensáveis, respectivamente, ao progresso da sociedade e à vida em suas múltiplas manifestações.

A serra elétrica, em poucas horas, abate a árvore secular para transformá-la em abrigo, em mobiliário, em utilidades diversas, necessárias à humanidade.

A pedra vigorosa alcançou a estrutura de que se constitui, atravessando milhões de anos para consolidar-se, e lentamente sofre o desgaste do leito generoso do rio que nela se apoia ou da carícia dos ventos que a derruem...

A pepita de ouro bruto dilui-se sob as altas temperaturas para amoldar-se a inúmeras outras formas.

A força de atração universal transforma a poeira das estrelas em galáxias cintilantes no cosmo.

Tudo experimenta transformações e mudanças sob a ação de contingências variadas.

O júbilo de um dia desaparece ante as lágrimas do outro.

O encantamento de um instante, e logo a decepção noutra oportunidade.

Afetos e paixões arrebatadores de uma hora convertendo-se em ódios e hediondez mais tarde.

Nesses graves cometimentos tudo se aprimora, a fim de alcançar a meta para a qual se encontra programado.

O que se aspira como felicidade numa fase da existência, não raro converte-se em desar e desencanto aterrador.

A relatividade da existência terrena responde pelos acontecimentos de vária ordem, que constituem a pedagogia experimental da evolução espiritual.

Por isso mesmo, a questão a respeito da felicidade, observada e buscada sob determinadas condições que não se estruturam na ética moral, é apenas resultado de uma óptica distorcida.

O mundo clama pelo êxito imediato, pelo acúmulo de coisas, enquanto a vida propõe amadurecimento emocional e renúncia constante, trabalhando o *metal interno* do ser.

Assim sendo, para no caminho do desespero e recompõe as paisagens íntimas, as considerações atormentadas e os atos irrefletidos.

DERRUIR
destruir; desgastar

JÚBILO intensa alegria, grande contentamento

HEDIONDEZ
pavor, repulsa

COMETIMENTO
empreendimento, propósito

DESAR
desgraça, derrota; ato vergonhoso

Detém-te a pensar e a conferir o que pensas com os fatos e constatarás que podes ser feliz, embora o que te acontece ou o que supões te constitua falta.

Por mais difícil que pareça, não existe na Terra pessoa alguma em regime de exceção, desfrutando privilégios. Tudo obedece à planificação divina que se manifesta na lei de amor.

Desse modo, compreende o teu dever de amar e servir, passando adiante.

Crê e prossegue.

Confia e espera.

A chuva da misericórdia divina cairá sobre ti, após o incêndio que te devora momentaneamente.

•

Quem poderia supor sequer que Jesus, todo amor, depois de alterar a história pelas palavras sublimes e pelos atos de abnegação, seria traído por um amigo, negado por outro e abandonado por quase todos aos quais beneficiara?

No entanto, Seus lábios não se abriram vez única em queixa ou reclamação, censura ou admoestação.

ADMOESTAÇÃO
advertência, repreensão

Pelo contrário, perseverou fiel ao ministério, e quando falou foi para pedir ao Pai que perdoasse os perseguidores por não saberem o que estavam fazendo.

Guardadas as proporções, faze o mesmo.

Logo depois, Ele ressuscitou em esplendorosa madrugada de luz, permanecendo sublime até hoje.

Também tu ressuscitarás em dia radiante, cantando hosanas e gratidão a Ele.

HOSANA
saudação de intensa alegria, aclamação ou cântico de louvor

•••

COMPREENDE O TEU DEVER
DE AMAR E SERVIR,
PASSANDO ADIANTE. CRÊ
E PROSSEGUE. CONFIA
E ESPERA. A CHUVA
DA MISERICÓRDIA DIVINA
CAIRÁ SOBRE TI,
APÓS O INCÊNDIO
QUE TE DEVORA
MOMENTANEAMENTE.

SENTIMENTOS PERVERSOS 9

DENTRE OS REMANESCENTES DO PROCESSO EVO-lutivo, permanecem não raro, no indivíduo, os sentimentos do ódio e da vingança, como heranças doentias das experiências vivenciadas no passado.

Defluentes talvez dos mecanismos de defesa da vida, tornam-se seus algozes, portadores do bafio pestilento da violência, que deveria ter ficado nos dias já remotos do ontem...

Atestando a vigência do primarismo em que ainda se encontra o Espírito, constituem emoções perversas que devem ser combatidas com os admiráveis instrumentos da compaixão e do olvido.

O ódio é portador de energia destrutiva que perturba inicialmente aquele que o cultiva, terminando por fazê-lo sua vítima preferencial.

A ele devem-se muitos distúrbios de variada complexidade, como problemas no trato digestivo, no fígado, nas funções cardíacas, nos delicados tecidos emocionais, contribuindo para situações penosas que culminam produzindo a desdita pessoal.

O ódio é emanação morbífica da herança destrutiva que remanesce em a natureza humana.

Prolongado, transforma-se em cárcere estreito e asfixiante que esmaga o ser, apresentando-lhe a saída falsa pela porta da

DEFLUENTE que se origina; decorrente

ALGOZ carrasco, perseguidor

BAFIO cheiro desagradável; miasma

PRIMARISMO caráter do que é rudimentar, primitivo

OLVIDO esquecimento

DESDITA infortúnio, desgraça

MORBÍFICO capaz de gerar doença

CÁRCERE cadeia, prisão

vingança, mediante a qual desforça-se daquele que lhe constitui o motivo da reação asselvajada...

A irracionalidade do ódio patenteia-se através da ilusão da prepotência, filha espúria do egoísmo que não se permite nenhuma contrariedade, admoestação, contradita...

A semente do ódio fecunda-se com facilidade no *solo* das emoções em desconserto.

Toda a ira acumulada que se equipa de energias vigorosas para o revide desgasta a maquinaria orgânica de quem a experiencia, destrambelhando as delicadas engrenagens internas.

Buscasse entender, todo aquele que se sente incompreendido ou vitimado por outro, que isso ocorre porque o opositor se encontra infeliz, seja por conflitos psicológicos, seja por dificuldades de vária gênese, e ele merece mais a compaixão do que o ressentimento...

A mudança de atitude mental, não se permitindo os caprichos infantis da aceitação por todos, contribui expressivamente para que o desequilíbrio não se instale com a força da cólera.

Assim procedendo, torna-se mais exequível viver em paz, mesmo quando ocorrem à volta situações perturbadoras.

De igual maneira sucede com os sentimentos morais.

Males inumeráveis para a sociedade procedentes dos indivíduos originam-se no cultivo do ódio, que se faz irracional, cruel, e conduz à alienação.

Acontecem, na Terra, crimes hediondos que são gestados no ódio, covardemente cultivado desde a infância como em outros períodos da existência.

De maneira idêntica, o desejo de vingança combure os delicados mecanismos psíquicos e emocionais.

Transforma-se em monoideia, porque as aspirações passam a girar em torno da sua mórbida programação, e após culminada o revel dá-se conta da sua inutilidade e do seu prejuízo,

---

ASSELVAJADO rude; grosseiro, brutal

ESPÚRIO ilegítimo, bastardo

ADMOESTAÇÃO advertência, repreensão

HEDIONDO horrível; pavoroso, repulsivo

COMBURIR pôr fogo; reduzir a cinzas

MONOIDEIA ideia fixa

MÓRBIDO doentio; perverso

REVEL rebelde

porque o sentido existencial desaparece, dando lugar a amarga frustração.

Esses sentimentos perversos – o ódio e a vingança – devem ser trabalhados com tenacidade e diluídos, dando lugar às emoções positivas da piedade e do perdão defluentes do amor.

·

O mundo, a grande escola, tem sido o campo experimental para o exercício dos sentimentos nobres, aqueles que dão vida, que fomentam a vida, que trabalham em favor da vida.

No turbilhão das suas ocorrências, felizes são aqueles que atravessam os vales das aflições fitando e avançando na direção dos montes da sublimação que devem ser galgados.

SUBLIMAÇÃO purificação; elevação

Não houvesse desafios e choques, e nenhum sentido existiria na vilegiatura carnal.

VILEGIATURA CARNAL temporada de existência na matéria

Enquanto o ódio e a vingança armam as criaturas umas contra as outras, a compaixão e a misericórdia facultam que se amem umas às outras.

As guerras hediondas e o terrorismo cruel nascem do ódio que se desenvolve no caldo de cultura dos preconceitos, do despeito, da inveja, dos conflitos de inferioridade que se transformam em algozes impenitentes da sociedade.

Trata-se da predominância da natureza animal sobre as conquistas de natureza espiritual que deveriam viger na fase da razão e do discernimento do ser, em processo de libertação das faixas primárias.

VIGER estar em vigor; ter eficácia, vigorar

Permanecem, porém, e somente destroem, porque a sua é a saga da desdita e da violência.

Enquanto isso, o amor silenciosamente dulcifica as vidas que se lhe entregam, descobrindo no sacrifício a meta abençoada a ser alcançada.

DULCIFICAR abrandar; tornar agradável

Desse modo, o antídoto aos sentimentos mórbidos é o amor no seu elenco de expressões, tais a amizade, a ternura, a bondade, o espírito solidário, a afeição profunda, que são capazes de conduzir ao <u>holocausto</u> pela preservação da harmonia e do bem na face da Terra.

HOLOCAUSTO sacrifício

À semelhança de lírio <u>alvinitente</u> flutuando perfumado acima do charco, torna-se o objetivo essencial da existência humana.

ALVINITENTE de cor branca e brilhante

No ser humano brilha a sublime centelha de Deus, que deve ser mantida com os recursos da afetividade superior.

Quando aumenta a sua potência, derrama bênçãos em volta, apagando as sombras teimosas do primitivismo ancestral.

Não foi por outra razão que, recordando a interrogação profética, Jesus lembrou-nos:

— Não foi dito que sois deuses?

•

Tudo conspirava, naquele cenário de <u>hediondez</u> e criminalidade orquestradas pelo ódio e pela vingança contra Ele.

HEDIONDEZ pavor, repulsa

A sordidez armara os odientos que desejavam vingança em relação ao Seu amor.

Todos quase O abandonaram, receosos e abatidos, e Ele viu-se a sós, porém com Deus, e aparentemente vencido pelos <u>sicários</u> da humanidade, no momento extremo, com <u>inexce-</u><u>dível</u> amor, exclamou:

SICÁRIO malfeitor

INEXCEDÍVEL impossível de ser superado; insuperável

— Perdoai-os, meu Pai, pois que eles não sabem o que fazem.

A partir daquele momento, o ódio e a vingança passaram a ceder lugar ao amor e ao perdão, que um dia triunfarão no ser humano, tornando-o, realmente feliz.

•••

NÃO HOUVESSE DESAFIOS
E CHOQUES, E NENHUM
SENTIDO EXISTIRIA
NA VILEGIATURA CARNAL.
ENQUANTO O ÓDIO
E A VINGANÇA ARMAM AS
CRIATURAS UMAS CONTRA
AS OUTRAS, A COMPAIXÃO
E A MISERICÓRDIA
FACULTAM QUE SE AMEM
UMAS ÀS OUTRAS.

ENFERMIDADE *da* ALMA

10

GRAVAME DE SIGNIFICADO PERIGOSO NOS RELA-cionamentos humanos é a intriga.

Perversa, é semelhante à erva daninha e traiçoeira que medra no jardim das amizades, gerando desconforto e agressividade.

A intriga é enfermidade da alma que se alastra perigosamente na sociedade, tornando-se terrível inimiga dos bons costumes.

O intrigante é sempre alguém infeliz e invejoso que projeta os seus conflitos onde se encontra, alegrando-se com os embaraços que proporciona no meio social.

À semelhança de cupim sorrateiro, destrói sem ser vista, até o momento em que as resistências fragilizadas em suas vítimas rompem-se, dando lugar ao caos, à destruição.

Muitas vezes, o insensato não faz ideia do poder mefítico da intriga, permitindo-se-lhe a manifestação verbal ou gráfica, por falta de responsabilidade ou desvio de conduta psicológica.

Da simples referência a respeito de alguém ou de algum acontecimento adulterado pela imaginação enferma, surge a rede das informações infelizes que dilaceram as vidas que lhes são o alvo inditoso.

Ninguém, na Terra, encontra-se indene à difamação das pessoas espiritualmente enfermas, e muitos, quando são atingidos pelas flechas das narrações deturpadas, permitem-se

GRAVAME ofensa, afronta; opressão

MEDRAR crescer

MEFÍTICO nocivo à saúde, tóxico, desagradável

INDITOSO desafortunado, infeliz

INDENE que não sofreu dano; ileso

sucumbir, abandonando os propósitos superiores em que se fixavam, sem ânimo para o prosseguimento nos ideais abraçados.

Lamentavelmente a intriga consegue grassar com imensa facilidade em quase todos os grupamentos sociais, religiosos, familiares, políticos, de todos os matizes, em razão da presença de alguns dos seus membros se encontrar em desarmonia interior.

Todo o empenho deve ser aplicado para a vitória sobre a intriga.

Cabe àqueles que são devotados ao bem não darem ouvidos à intriga que se apresenta disfarçada de maledicência, de censura em relação a outrem ausente, aplicando o antídoto do silêncio nesse trombetear da maldade.

Se o intrigante cuidasse do próprio comportamento, dar-se-ia conta do quanto necessita corrigir em si mesmo, em vez de projetar no seu próximo o morbo infeccioso.

Toda censura com sinais de acusação é filha da crueldade que se converte em intriga.

São célebres as intrigas das cortes, nas quais os ociosos e inúteis se compraziam em tecer redes vigorosas que asfixiavam as melhores expressões do trabalho que, mesmo imperfeito ou necessitado de aprimoramento, produziam para o bem...

Nada se edifica ou se faz sem o exercício, em cujo início os equívocos têm lugar.

As mais colossais realizações são resultado de pequenos ou incertos tentames.

O intrigante, porém, sempre ativo e vigilante, porque insidioso, logo se apropria da mínima falha que observa em qualquer projeto para investir furibundo e devastador.

•

Jesus referiu-se com firmeza àquele que vê o argueiro no olho do próximo, apesar da trave pesada que se encontra no seu.

Sê tu, no entanto, aquele que adota a complacência, que compreende o limite e a dificuldade do outro.

Fala, quando a tua boca possa cantar o bem de que está cheio o teu coração.

A palavra enunciada torna-te servo, enquanto que a silenciada faz-te dela senhor.

Não estás convidado para vigiar o próximo, mas para conviver e trabalhar com ele.

Tocado no sentimento pelo amor, usa a bondade nas tuas considerações em relação às demais pessoas com as quais convives ou não.

Torna-te a criatura gentil por quem todos anelam, estando sempre às ordens dos mensageiros da luz para o serviço da fraternidade e da construção do bem no mundo.

A palavra é portadora de grande poder, tanto para estimular, conduzir à plenitude, assim como para gerar sofrimento, destruição e amargura...

Guerras terríveis, representando a inferioridade humana, surgiram de intrigas de pequeno porte, que se tornaram ameaças terríveis...

Tratados de paz e de união também são frutos do acordo pela parlamentação e graças às decisões de alto porte.

Tem, pois, cuidado com o que falas, a respeito do que ouves, vês ou participas. Serás responsável pelo efeito das expressões que externes, em razão do seu conteúdo.

Convidado a servir na seara de Jesus, mantém-te vigilante em relação a essa enfermidade contagiante: a intriga!

Tentado, em algum momento, a acusar, a criar situações danosas, resiste e silencia, legando ao tempo a tarefa que lhe compete.

Isso não quer dizer conivência com o erro, mas interrupção da corrente prejudicial mantida pela intriga. Antes, significa também a decisão de não vitalizar o mal, mantendo-te em paz,

---

COMPLACÊNCIA disposição habitual para corresponder aos desejos ou gostos de outrem com a intenção de ser-lhe agradável; benevolência

ANELAR desejar intensamente

PARLAMENTAÇÃO ato de conversar em busca de um acordo

SEARA campo; área de atividade

sustentado pela irrestrita confiança em Deus, na execução da tarefa abraçada, seja ela qual for.

A intriga apresenta-se de forma sutil ou atrevidamente, produzindo choques emocionais que se transformam em dores naqueles que lhes padecem a injunção cruenta.

INJUNÇÃO
imposição, pressão

CRUENTO cruel

•

Allan Kardec, o nobre mensageiro do Senhor, preocupado com o próprio comportamento, bem como o dos indivíduos, buscando uma diretriz segura para evitar a intriga e outros desvios na convivência social, indagou aos guias espirituais, conforme se lê na questão 886, de *O livro dos Espíritos*:

— Qual o verdadeiro sentido da palavra *caridade*, como a entendia Jesus?

E eles responderam com expressiva sabedoria:

"Benevolência para com todos, indulgência para as imperfeições dos outros, perdão das ofensas."[3]

Nessa resposta luminosa encontra-se todo um tratado de ética para o bem viver, ser feliz e contribuir para a alegria dos outros.

•••

---

3. 29. ed. FEB. [nota da autora espiritual]

TENTADO, EM ALGUM
MOMENTO, A ACUSAR, A
CRIAR SITUAÇÕES DANOSAS,
RESISTE E SILENCIA,
LEGANDO AO TEMPO
A TAREFA QUE LHE COMPETE.
ISSO NÃO QUER DIZER
CONIVÊNCIA COM O ERRO,
MAS INTERRUPÇÃO DA
CORRENTE PREJUDICIAL
MANTIDA PELA INTRIGA.
ANTES, SIGNIFICA TAMBÉM A
DECISÃO DE NÃO VITALIZAR
O MAL, MANTENDO-TE
EM PAZ, SUSTENTADO
PELA IRRESTRITA
CONFIANÇA EM DEUS.

RESGUARDA-TE
na SERENIDADE

11

VIVEM-SE, NA TERRA, DIAS DE AFLIÇÃO CONTÍnua, como efeito natural das grandes ocorrências perturbadoras que afetam quase todas as criaturas humanas.

O contínuo desrespeito às divinas leis, a desagregação da família, as espetaculares fugas psicológicas mediante os vícios da drogadição, do alcoolismo, do tabagismo, refletem-se na indiferença em relação à vida e à natureza, dando lugar aos transtornos de comportamento, à violência, à agressividade, à indiferença pelos valores éticos e morais, quando estes não são desconsiderados.

O bem proceder que faz parte das conquistas intelecto-morais do ser em evolução cede lugar ao bizarro, ao diferente, com demonstrações claras de desarmonia interior, chamando a atenção pelo esdrúxulo e pelo abandono de si mesmo...

Provocações de toda ordem tornam a paisagem humana destituída de princípios que dizem respeito aos demais, como se a existência servisse apenas para atender aos caprichos daqueles que se perderam no báratro das condutas estranhas.

BÁRATRO abismo, despenhadeiro

Quase tudo e todos são descartáveis, portanto dispensáveis, após o uso imediato.

O utilitarismo e as buscas intérminas pelo prazer exaustivo tomam o lugar dos compromissos para com a existência, que não deve ser utilizada exclusivamente para esse fim, mas

UTILITARISMO teoria que considera a boa ação ou a boa regra de conduta caracterizáveis pela utilidade e pelo prazer que podem proporcionar é portadora de objetivos psicológicos profundos, tendo-se em vista a imortalidade do Espírito e a sua transitoriedade enquanto na investidura carnal.

A soberba e o despotismo tomam os lugares da brandura e da compaixão, da solidariedade e do sentimento fraterno, como se a Terra fosse um campo de contínua batalha em que os aparentemente fortes e poderosos a tudo dominem e submetam.

A ilusão do tempo que a tudo transforma, quando não o consome, entorpece o discernimento das novas gerações que vêm herdando os distúrbios e as frustrações dos seus antepassados, dando a impressão de que a doença, os dissabores, a velhice e a morte são aspectos da vida para os outros, nunca para eles...

Usam-se todos os mecanismos possíveis de engodo para driblar a realidade, consumindo valioso tempo em arremedos de juventude artificial e instrumentos de vitalização, como se a máquina orgânica não tivesse os seus limites e as suas dificuldades. Ademais, as heranças do passado espiritual de cada qual não são levadas em conta, apoiando-se, esses equivocados, nas bem urdidas manipulações do materialismo e do consumismo a que se entregam.

Parece não mais haver lugar para a seriedade e a consideração pelos elevados compromissos existenciais, barateados pelo suborno, pela desonestidade e pela equivocação das massas trabalhadas pelos multiplicadores de opinião, a soldo, igualmente, dos mesmos instrumentos de projeção do ego e das fantasias existenciais.

Seria de perguntar-se:

— Para onde ruma a sociedade contemporânea que pretende haver alcançado o grande patamar da cultura, da tecnologia, do conhecimento, mas se encontra destituída dos significados profundos da dignidade, do autoamor, confundido com presunção e violência?

•

INVESTIDURA
encargo

SOBERBA
orgulho; arrogância, presunção

DESPOTISMO
manifestação de autoridade arbitrária ou opressora; autoritarismo

ENGODO aquilo que se usa para enganar; cilada; engano

ARREMEDO
imitação deficiente, cópia malfeita

A SOLDO DE
a serviço, às ordens de (alguém), mediante recompensa

EGO centro da consciência; é parte da identidade do indivíduo, responsável pela relação com o mundo exterior e pela busca das necessidades do ser

CONTEMPORÂNEO
que é do tempo atual

Estes são, portanto, dias desafiadores para todos aqueles que pretendem construir uma sociedade mais feliz e menos turbulenta, porquanto parece não haver lugar para a sensatez, a serenidade, o equilíbrio moral.

Nunca, porém, houve ocasião tão propícia para a vivência dos postulados estoicos propostos e vividos por Jesus, no que diz respeito ao amor em todas as suas facetas e manifestações.

> ESTOICO que se mostra resignado diante do sofrimento, da adversidade

Espíritos de escol também se encontram reencarnados para demonstrar que a vida é uma dádiva especial de Deus às Suas criaturas, cuja fatalidade é a plenitude.

> ESCOL o que é considerado melhor, de maior qualidade, numa sociedade ou num grupo; elite

Por mais difíceis apresentem-se os mecanismos existenciais e triunfem a insensatez e o desamor, o seu é um curso breve, porque logo serão devorados pelo tempo, cedendo lugar à nova ordem de significados que se expressam através das virtudes que dignificam o Espírito e o auxiliam no seu desenvolvimento moral.

É natural, portanto, que se encontrem em combate os arautos do bem e os mensageiros da desordem, da ufania e da ignorância, numa luta não declarada, mas claramente manifesta.

> ARAUTO porta–voz; defensor

> UFANIA pretensão de altos méritos e conquistas

A tua serenidade diante do infortúnio, das provocações de toda natureza, darão a medida do comportamento a fim de que triunfem as propostas de misericórdia e de compaixão para com esses enfermos espirituais de ambos os planos da vida, que se constituem, por momento, *pedra de tropeço* ao progresso e à chegada do *reino dos céus*.

Não te intimidem as artimanhas dos hipócritas e dos adversários da luz, nem te deixes seduzir pelas suas facécias coloridas e festivas.

> FACÉCIA chacota, gracejo

Pouco te importem as acusações de que estás ultrapassado, és de conduta ortodoxa, um fracassado que se esconde na fé religiosa...

> ORTODOXO que professa os padrões ou as normas tradicionais

Jamais olvides que a tua é a tarefa de compreender e não de ser entendido, de ajudar e menos de ser auxiliado, não te

> OLVIDAR esquecer

permitindo a intoxicação fluídica dos transtornos que aos infelizes aturdem, mantendo-te jovial e sereno em todas as situações.

Não faltarão também aqueles que te acusarão de covardia moral, de anuência ao desrespeito, porque ainda acreditam que o revide é demonstração de coragem, quando se trata de sintonia com as ondas da perversidade e do desalinho emocional.

Administra a tua existência calmamente, de forma que possas fruir experiências emocionais enriquecedoras, tornando-te um exemplo de alegria de viver, caso te encontres aureolado pelas bênçãos do êxito ou pelos testemunhos dos sofrimentos.

Que nada altere o teu comportamento de verdadeiro cristão, porquanto o mal por si mesmo se aniquila, assim como o bem cada vez mais esplende triunfante comandando as vidas entregues ao amor.

Candidataste-te ao ministério da fraternidade e deves demonstrar que esse compromisso é com a verdade e não com as questões momentâneas prazerosas, atraentes, mas com os deveres que facultam o desenvolvimento intelecto-moral e favorecem a verdadeira harmonia interior.

O triunfo do verdadeiro vencedor não é contra as demais criaturas dele necessitadas, mas sim sobre as heranças negativas que lhe dormem no imo e apresentam-se ardilosas e contínuas.

Se pretendes a vitória, vence as inclinações negativas e deixa-te conduzir pela serenidade.

•

Jesus é sempre o *modelo e guia* para a humanidade.

Criticado acidamente por conviver com os infelizes, ignorado pelos prepotentes e desconsiderado pelos iludidos nas paixões servis, perseguido pelo farisaísmo e pela hipocrisia religiosa do Seu tempo, permaneceu sereno e incomparável, demonstrando a força do amor que O inundava.

FRUIR desfrutar, gozar, utilizar

AUREOLADO coroado; que adquiriu prestígio

ESPLENDER resplandecer: brilhar; sobressair

IMO âmago, íntimo

FARISAÍSMO doutrina e prática dos fariseus (grupo religioso judaico, surgido no séc. II a.C., que vivia na estrita observância das escrituras religiosas e da tradição oral, comportando-se de maneira formalista e hipócrita)

Mesmo negado por um amigo e por outro traído, considerou-os débeis e humanos, buscando-os com ternura, a fim de que reparassem os danos que se fizeram a si mesmos e recomeçassem a tarefa de autoiluminação.

... E foi serenamente que retornou ao seio dos amigos desorientados, inaugurando a era sublime do Espírito imortal.

•••

O TRIUNFO DO VERDADEIRO VENCEDOR NÃO É CONTRA AS DEMAIS CRIATURAS DELE NECESSITADAS, MAS SIM SOBRE AS HERANÇAS NEGATIVAS QUE LHE DORMEM NO IMO E APRESENTAM-SE ARDILOSAS E CONTÍNUAS. SE PRETENDES A VITÓRIA, VENCE AS INCLINAÇÕES NEGATIVAS E DEIXA-TE CONDUZIR PELA SERENIDADE.

CEGUEIRA ESPIRITUAL 12

A CEGUEIRA, DO PONTO DE VISTA ORGÂNICO, É A ausência da visão, mantendo aquele que a padece na escuridão em torno de tudo quanto se passa em sua volta.

Trata-se de uma prova especial ou de uma expiação necessária ao processo de desenvolvimento, quando, na criatura humana, contribuindo para o melhor entendimento da existência.

Em razão da sua procedência dentro do esquema da *lei de causa e efeito*, constitui um drama interior doloroso, facultando a alguns Espíritos resignados a conquista da iluminação pessoal, não se lhe tornando, de forma alguma, razão de desgraça ou de infelicidade. Antes, pelo contrário, não são poucos aqueles que conseguem superá-la, trabalhando eficazmente em benefício próprio graças aos inestimáveis serviços que realiza.

Dentre os mais célebres exemplos destaca-se a figura da extraordinária americana Hellen Keller, que se tornou uma verdadeira missionária do bem, da sabedoria e do amor, embora os limites da visão, da audição e da fala...

De igual maneira foi a contribuição do admirável missionário cego Louis Braille, que inventou, em Paris, no ano de 1827, o alfabeto com sinais acessíveis ao tato, que permite a leitura, tornando-se um instrumento extraordinário para estudos e compreensão do mundo, especialmente para os invidentes.

INVIDENTE cego

Não poucos, porém, experimentam estados de revolta e de desencanto, recolhendo-se à solidão ou permitindo-se o desespero, sem compreenderem o relevante significado da experiência enriquecedora, propiciada pelas soberanas leis da vida.

Apesar dos consideráveis avanços da ciência e da tecnologia, ainda não tem sido possível arrancar das trevas da cegueira aqueles que a padecem, com raríssimas exceções.

Jesus, no entanto, o sublime psicoterapeuta da humanidade, muitas vezes convidado ao socorro a esses aflitos, conhecendo-lhes as causas geradoras do impedimento, *abriu-lhes os olhos*, proporcionando-lhes a oportunidade de recuperação da claridade luminosa da visão.

São comovedoras as cenas em que os pacientes recuperados expressam a sua alegria e demonstram o poder de que era dotado o Senhor.

Às exclamações de júbilo, o encantamento pela oportunidade de conseguirem ver, envolvendo-se na beleza da paisagem e do mundo externo.

Nada obstante, nunca faltaram os opositores para declarar que se tratava de magia, de interferência demoníaca, se, por acaso, o mal o pudesse proporcionar.

Um deles, após recuperado, não resistiu à maldade dos fariseus e exclamou:

— Se foi Satanás quem me curou, não sei. O que sei é que eu era cego e agora vejo...

Outros, que foram liberados também, alguns possivelmente vitimados por subjugações espirituais perversas, entoaram seu canto de louvor ao Mestre, agradecendo a dádiva com que foram beneficiados.

•

Há igualmente uma cegueira atroz, mais cruel do que a ausência da visão orgânica. Trata-se daquela de natureza espiritual, em que muitos seres rebeldes estorcegam.

PSICOTERAPEUTA especialista em psicoterapia (qualquer das várias técnicas de tratamento de doenças e problemas psíquicos)

JÚBILO intensa alegria, grande contentamento

FARISEU grupo religioso judaico, surgido no séc. II a.C., que vivia na estrita observância das escrituras religiosas e da tradição oral, comportando-se de maneira formalista e hipócrita

ESTORCEGAR contorcer-se

Aqueles que se recusavam aceitar a interferência de Jesus nas vidas em reparação constituem os protótipos específicos dos cegos morais e espirituais que ainda pululam na sociedade terrestre.

Nada obstante a declaração dos que haviam conquistado a visão, pois que nasceram cegos, os inditosos procuravam explicações mágicas para negar a grandeza da realidade da vida, aferrados aos pobres órgãos dos sentidos.

Não desejavam encontrar o significado elevado da existência corporal, tudo reduzindo à argamassa celular de efêmera duração.

Ainda hoje permanecem esses portadores da cegueira espiritual que se comprazem em negar tudo quanto não lhes convém aceitar, porque, se assim procedessem, teriam que alterar completamente o comportamento moral, adotando novos métodos existenciais de comportamento.

Estão sempre em busca de provas, como se todas as demonstrações dos séculos, das pesquisas honestas de mulheres e homens de alta importância nas várias ciências, examinando cuidadosamente os fenômenos mediúnicos, de nada valessem.

Somente a sua experiência parece ter-lhes significado e respeitabilidade, o que não passa de irrisão e pobreza intelectual.

O Espírito é o ser imortal que transita pelas diversas romagens carnais, rumando na direção da conquista superior da plenitude.

As dificuldades encontradas durante o périplo carnal são resultados da inobservância das leis da vida, estabelecidas como processo metodológico para o crescimento interior, que devem ser cumpridas fielmente.

Apesar de alguns insucessos no desenvolvimento dos valores éticos e morais, a bênção da oportunidade sempre ressurge, facultando a conquista do conhecimento libertador e da experiência iluminativa mediante o exercício da paciência,

PULULAR existir em grande número; abundar

INDITOSO desafortunado, infeliz

ARGAMASSA mistura que serve para sustentar, unir ou dar forma na construção de algo

EFÊMERO breve

COMPRAZER deleitar-se; autossatisfazer-se

IRRISÃO ato insignificante

PÉRIPLO viagem de longa duração

da resignação, da coragem e da perseverança nos propósitos superiores.

Não seja, portanto, de estranhar, que esses cegos espirituais estejam sempre equipados dos instrumentos da dúvida, do escárnio, da agressividade contra aqueles que já encontraram o rumo da paz e entregam-se por inteiro à construção da verdadeira solidariedade que deve viger entre todas as criaturas no planeta terrestre.

Frustrados interiormente e magoados com a existência, exibem a máscara da ironia sempre quando convidados à reflexão, a fim de evitar os comprometimentos significativos de mudança interior e renovação inadiável.

Alguns são verbosos, parecendo ilustrados, utilizando-se de expressões complicadas para ludibriar os ingênuos e apresentarem-se superiores a todos.

Diversos apresentam-se na postura emocional acima do bem e do mal, caracterizados por falsa eloquência, mantendo-se distantes do seu próximo, que sempre consideram inferior, evitando-lhe o contágio, que ignoram e lhes seria benéfico...

Não lhes conceda o valor que se atribuem nem os temas na sua arrogância infantil.

São como balões que flutuam e estouram a qualquer contato com delicados objetos perfurantes, eliminando a bazófia de que se encontram refertos.

Prossegue na ação do bem, arrimado ao ideal de fraternidade, confiando nas bênçãos do porvir, desde hoje vinculado ao dever.

•

Jesus nunca lhes concedeu maior importância.

Por eles perseguido, acusado, injustamente censurado, deixava-os, cegos que eram conduzindo outros cegos do mesmo gênero, enquanto Ele espalhava a luz da esperança e do bem, deixando pegadas seguras apontando o rumo da real felicidade.

ESCÁRNIO atitude ostensiva de desdém, de menosprezo

VIGER estar em vigor; ter eficácia, vigorar

VERBOSO que tem facilidade para exprimir-se verbalmente

LUDIBRIAR enganar

ELOQUÊNCIA capacidade de falar e expressar-se com desenvoltura

BAZÓFIA vaidade exacerbada e infundada

REFERTO muito cheio

ARRIMADO apoiado; sustentado

Avança, portanto, fiel ao compromisso abraçado de amar e servir, certo de que, hoje ou mais tarde, conforme aconteceu contigo, também eles terão oportunidade de ver o esplendor da luz da verdade e de confessarem:

— O que sei, é que éramos cegos e agora vemos...

•••

AVANÇA FIEL AO COMPROMISSO ABRAÇADO DE AMAR E SERVIR, CERTO DE QUE, HOJE OU MAIS TARDE, CONFORME ACONTECEU CONTIGO, TAMBÉM OS OUTROS TERÃO OPORTUNIDADE DE VER O ESPLENDOR DA LUZ DA VERDADE E DE CONFESSAREM: — O QUE SEI, É QUE ÉRAMOS CEGOS E AGORA VEMOS...

LUTAS ABENÇOADAS

13

CONSIDERA O PROCESSO DE EVOLUÇÃO MORAL E espiritual como sendo de emergência, dando-lhe prioridade em todos os investimentos que te sejam possíveis aplicar.

A luta, na condição de esforço bem direcionado, é o antídoto eficaz em relação à paralisia e à morte dos ideais de enobrecimento.

Invariavelmente vê-se a luta como confronto, debate verbal ou enfrentamento corporal, gerando desar, dividindo os grupos e os degradando. Essa é, sem dúvida, a luta perversa, filha do egoísmo, a expressar-se através dos instintos asselvajados que permanecem em a natureza humana.

A luta cotidiana tem como objetivo desenvolver os valores adormecidos, propiciando o enriquecimento do ser espiritual, quando sabe comportar-se no fragor dos desafios e das dificuldades.

Quando se abraça um ideal de elevada estrutura, é natural que se chame a atenção, especialmente a dos ociosos, assim como a daqueles que ainda se comprazem na prática do mal ou na indiferença, criando embaraços ao crescimento ético e cultural do indivíduo, por extensão, da sociedade.

Logo são travadas lutas vigorosas que partem daqueles que permanecem nos desvios da evolução, tentando manter a situação degradante em que se comprazem.

DESAR desgraça, derrota; ato vergonhoso

ASSELVAJADO com aparência e/ou modos selvagens; rude; grosseiro, brutal

FRAGOR estrondo

COMPRAZER deleitar-se; autossatisfazer-se

A saudável obstinação do idealista leva-o a sofrer as incompreensões e a malquerença predominante, que se negam a sair de cena.

É natural, portanto, que o empenho no trabalho não diminua nem a coragem se arrefeça, deixando espaço para que os maus dominem e tornem-se *pedra de tropeço*, dificultando a conquista dos altiplanos da existência.

Nada de positivo é realizado sem que o esforço e o sacrifício muitas vezes se apresentem como recurso inadiável.

Todo aquele que abraça uma causa nobre está assinalado para pagar o preço da audácia de sonhar com o mundo melhor, de anelar pela felicidade geral, de entregar-se à construção da harmonia social.

A luta faz-se inevitável. O ideal é a firmeza da conduta do lutador, que não se deve atemorizar ante as circunstâncias nem utilizar dos mesmos recursos desairosos daqueles que se lhe opõem ao empreendimento superior.

Os conteúdos que constituem a sua aspiração à plenitude dão-lhe resistência moral e força para prosseguir entusiasmado, sem diminuir a intensidade da dedicação a que se entrega.

Essa é a razão por que o bem, que sempre procede de Deus, é vitorioso em todas as propostas que são apresentadas à sociedade. Sem dúvida que enfrenta impedimentos que fazem parte do processo, dessa maneira demonstrando a alta qualidade de que é constituído.

Todos aqueles que se entregaram às obras de elevação espiritual da humanidade foram convidados ao combate sem quartel, em ambos os planos da vida.

Assim sendo, nunca te surpreendas quando não compreendido, quando vilipendiado e acusado ou ferido nos mais nobres sentimentos que te exornam a existência.

Reserva-te a consciência lúcida do dever, e luta!

•

MALQUERENÇA
inimizade, hostilidade, malquerer

ALTIPLANO
planalto

AUDÁCIA ousadia

ANELAR desejar intensamente

DESAIROSO
que demonstra falta de dignidade

QUARTEL trégua

VILIPENDIAR
tratar com desprezo

EXORNAR
adornar; embelezar

FRATRICIDA
entre indivíduos que tem relação fraternal

Vive-se o momento terrestre da grande transição planetária. As forças do bem enfrentam os exércitos do mal, em luta cruel e fratricida.

É indispensável que os servidores de Jesus revistam-se de misericórdia e de compaixão, a fim de não serem arrastados pelas redes da perversidade, da ironia, da astúcia e da calúnia...

O egoísmo predominante luta para não ceder lugar ao sentimento de amor que prevalecerá sobre todas as circunstâncias aziagas.

A presunção e a soberba estão em ponto de combate, não cedendo espaço para o altruísmo.

É necessário que a coragem aprenda a silenciar e a aguardar, perseverando no compromisso com a verdade.

Onde estão os tiranos, os déspotas, os governantes sádicos e cruéis de todos os tempos, que arrasaram cidades, ceifaram vidas incontáveis e ambicionaram pelo poder que detiveram por um pouco, logo sendo arrebatados pela morte, quando antes a grande maioria experimentou o opróbrio, a vergonha, a sanha do ódio que espalharam?

Todos retornaram ao país da consciência responsável e volveram ao proscênio terrestre em rudes expiações...

O triunfo do mal é como a vitória de Pirro, além do que passageira, enquanto que o bem é uma perene luz, a tudo sustentando e conduzindo ao sublime fanal.

Contempla os vaidosos, opulentos de autodeslumbramento, atribuindo-se valores que realmente não possuem, desfrutando do trabalho de todos aqueles que os antecederam e anunciando serem os seus autores...

Não te perturbes com a sua empáfia, perseverando no dever simples e reto, porquanto são abençoadas as tuas lutas em favor da causa edificante da imortalidade do Espírito pelos caminhos complexos das reencarnações bem-sucedidas.

ASTÚCIA habilidade de dissimular e usar artifícios enganadores

AZIAGO em que há infelicidade, desventura; desafortunado

SOBERBA orgulho; arrogância

ALTRUÍSMO amor desinteressado ao próximo; abnegação

DÉSPOTA governante opressor, autoritário

SÁDICO que se satisfaz, tem prazer com a dor alheia

OPRÓBRIO grande desonra pública; degradação social; vexame

SANHA fúria, ira

VOLVER voltar

PROSCÊNIO palco, arena, cenário

PIRRO (318 a.C. – 272 a.C.) foi rei do Épiro e da Macedônia, tendo ficado famoso por ter sido um dos principais opositores a Roma

FANAL farol; guia

EMPÁFIA orgulho vão, presunção

O maior triunfo do lutador é a sua consciência de paz, assim como a certeza de que se encontra no desempenho da tarefa a que se afeiçoou, a convite Daquele que jamais desprezou o serviço, mesmo quando ultrajado, perseguido, caluniado, traído e entregue aos Seus inimigos...

Certamente colherás bênçãos no combate a que te entregas, após as lutas encarniçadas, porque terás o exemplo dos muitos que te anteciparam e os numerosos que estão chegando para darem prosseguimento ao serviço em realização.

ENCARNIÇADO cruel

Nunca te permitas sintonizar com esses lutadores da ilusão e da mentira, pérfidos e ingratos.

PÉRFIDO desleal; enganador

Provocado, sorri, e continua fazendo o melhor de tua parte, porque o realizas para Aquele que te constitui guia divino.

Ninguém alcança os altos cimos sem os tropeços e pedrouços das baixadas. É, no entanto, nessas regiões inferiores que o solo se encontra adubado, a fim de que os lírios e as rosas enriqueçam a natureza com perfume.

CIMO cume; topo

PEDROUÇO grande amontoado de pedras

Eleva-te sempre, portanto, não te detendo em detalhes com os quais se comprazem os discutidores inúteis, os presunçosos vãos.

Ouviste o chamado, disseste que estás presente no campo, agora segue sem nenhuma reserva.

•

Nunca houve tanta necessidade de amor e de compaixão na Terra como nestes dias.

Jamais houve tanta luta, apesar das extraordinárias conquistas intelectuais que se multiplicam a cada momento.

De igual maneira, nunca antes existiu tanto combate covarde e vergonhoso como nestes dias, simultaneamente com aquelas de redenção, de iluminação, de valorização da vida, de construção do novo mundo.

Luta e ama, serve e passa.
Jesus espera-te ao fim da luta abençoada.

•••

PROVOCADO, SORRI,
E CONTINUA FAZENDO
O MELHOR DE TUA PARTE,
PORQUE O REALIZAS PARA
AQUELE QUE TE CONSTITUI
GUIA DIVINO. ELEVA-TE
SEMPRE, NÃO TE DETENDO
EM DETALHES COM OS QUAIS
SE COMPRAZEM
OS DISCUTIDORES INÚTEIS,
OS PRESUNÇOSOS VÃOS.
LUTA E AMA, SERVE E PASSA.
JESUS ESPERA-TE AO FIM
DA LUTA ABENÇOADA.

DIGNIDADE MORAL

14

VIVE-SE HOJE, NA TERRA, O MOMENTO CULMI-
nante da perda do senso moral a benefício da vulgaridade
e do prazer enganoso.

Depois das indiscutíveis conquistas da inteligência, des-
vaira o ser humano, não mais deslumbrado com as glórias e
expressões do macro assim como do microcosmo, perdido nos
estímulos perturbadores dos gozos temporários, que gostaria
de torná-los permanentes.

Luta-se, quase em desvario, para a aquisição de recursos
legais ou não, a fim de participar-se do banquete do desper-
dício e da luxúria, da disputa entre os egos autofascinados,
utilizando-se de quaisquer métodos que confiram o triunfo,
sem a mínima consideração pela ética do comportamento.

É certo que, nesse terrível combate, existem exceções valiosas que estão mantendo as heranças ancestrais do dever e
da dignidade moral, pagando o caro tributo da zombaria dos
frívolos e do desrespeito dos alucinados.

Parece predominar uma conspiração generalizada contra
a dignidade moral que é a base da sociedade próspera e feliz.

Os altos índices de corrupção nas diversas áreas de atividades públicas e privadas são assustadores, porém mais graves são a indiferença com que os extravagantes, depois de
denunciados, prosseguem no convívio social criando leis e

DESVAIRAR perder
o uso da razão

DESVARIO
procedimento
enlouquecido

FRÍVOLO
que é ou tem
pouca importância;
fútil, superficial

administrando os bens conseguidos de maneira indigna, como se fossem verdadeiros e honestos cidadãos.

Momentos há que se apresentam difíceis para discernir-se entre o certo e o errado, a desonra e a moralidade, tal o amontoado de justificativas para as condutas esdrúxulas e incorretas que adquirem respeitabilidade, zombando dos princípios morais de todos os tempos.

O materialismo apresenta-se disfarçado em denominações religiosas que se comprazem também em trabalhar pelos valores da Terra em detrimento daqueles que dizem respeito ao *reino dos céus*, conforme as sublimes propostas de Jesus, em nome de Quem esses pastores dizem estar a serviço.

COMPRAZER
deleitar-se; autossatisfazer-se

As mensagens provindas do mundo espiritual avolumam-se em convites honrosos a todos, a fim de que despertem e alterem a compreensão em torno dos fenômenos da existência, apresentando comportamento compatível com a ordem e o progresso.

Estudos valiosos e profundos em várias áreas do conhecimento psicológico e sociológico demonstram que o bem é bom para quem o pratica, tanto quanto a verdadeira aquisição da saúde inicia-se no pensamento equilibrado, exteriorizando-se como alegria e bem-estar, que superam as injunções perturbadoras da caminhada evolutiva.

INJUNÇÃO
imposição, exigência, pressão

Nunca foram apresentados os excelentes resultados de pesquisas acadêmicas, demonstrando o alto significado do amor, da gratidão, do perdão, na construção do ser integral, como nestes dias conflitivos. No entanto, o volume de apelos ao erotismo e à violência sombreia as claridades libertadoras, gerando desconforto e tormento emocional.

Isso porque o ser humano que investiga a possibilidade de vida além da Terra ainda não aprendeu a viver no formoso planeta que o agasalha, servindo-lhe de escola de sublimação.

SUBLIMAÇÃO
purificação; elevação

Indispensável quão urgente faz-se o investimento da dignidade em todos os comportamentos humanos.

•

Evita o tumulto extravagante das novidades perturbadoras.

Harmoniza-te, de forma que não sejas arrebatado pela ilusão de estar presente em todo lugar ao mesmo tempo, fruindo somente prazeres, possuindo os equipamentos mais recentes, que logo são ultrapassados por outros mais complexos, incapazes, porém, de proporcionar-te a harmonia interior.

FRUIR desfrutar, gozar, utilizar

Essa correria insensata para a aquisição de instrumentos de utilidade tecnológica e virtual esconde, no seu bojo, a fuga psicológica do indivíduo que não se encoraja a viajar para dentro, procurando descobrir as razões dos conflitos que o aturdem, escondendo-se sob a tirania das máquinas que lhe permitem comunicação com o mundo e todos quantos deseje, sem produzirem a autorrealização no seu possuidor.

O encantamento pela posse, para estar atualizado, resulta dos medos internos, dos tormentos pessoais e da imaginação exacerbada pela propaganda muito bem dirigida, que embeleza o pântano das paixões morais, encobrindo a claridade da razão com as sombras dos gozos fugidios.

FUGIDIO que não tem duração; passageiro

Ninguém pode viver em paz interior, sem a consciência do dever retamente cumprido. Após anestesiar-se a consciência por algum tempo, ei-la desperta, gerando culpa e necessidade de corrigenda por meio de punições.

Surgem, então, os mecanismos de fuga e de transferência que, por algum tempo, distraem o enfermo moral, cedendo lugar a falsas necessidades que se convertem em ufania conduzindo à drogadição, ao envenenamento pelos vícios sociais e espirituais de consequências lamentáveis.

UFANIA pretensão de altos méritos e conquistas

O ser humano está destinado à glória imortal. A sua é a fatalidade das excelsas bênçãos que o aguardam.

ANFRACTUOSIDADE
irregularidade

Diamante bruto, o Espírito, no seu processo de lapidação, necessita perder as anfractuosidades que o afeiam, impedindo-o de refletir a beleza da luz.

Após a larga trajetória do instinto e o quase recente surgimento da razão e do discernimento, ainda nele predominam os hábitos automáticos, os impulsos imediatistas, as heranças ancestrais...

A conquista da dignidade moral é um desafio que deve ser enfrentado e vivenciado desde as experiências mais simples, a fim de ser criado o condicionamento superior para que se transforme em aquisição valiosa.

Somente, porém, através de uma visão correta em torno da imortalidade do Espírito é que se torna legítimo o contributo da ação honorável, porquanto, sem a certeza do prosseguimento da vida, faz-se indispensável desfrutar agora de todos os bens que a vida proporciona, afogando-se no prazer de ocasião.

Eis por que o espiritismo, na sua condição de filosofia exemplar, oferece o concurso da iluminação interior, explicando as razões da existência, sua finalidade, sua origem e sua culminância...

Sem esse extraordinário contributo, *bom negócio fariam os maus*, procedendo irregularmente, como ensinava Platão, diante da ideia de que tudo logo mais seria consumido... *Mau negócio, porém, para esses*, asseverava com sabedoria o grande filósofo, tendo em vista que a vida prossegue além da disjunção molecular pelo fenômeno inevitável da morte ou desencarnação.

•

Desde que travaste contato com o Mestre de Nazaré mediante as Suas incomparáveis lições de imortalidade e vida, nunca te apartes da dignidade pessoal, que se encontra exarada nas páginas rutilantes do Seu evangelho, comprometendo-te

EXARAR
registrar; lavrar

RUTILANTE
cintilante, brilhante

DIVALDO FRANCO

com a verdade dos seus ensinamentos, a fim de que vivas em harmonia e, ao libertar-te do corpo, prossigas em paz e júbilo.

A dignidade é um tesouro ainda conhecido com reservas, possuindo, no entanto, as imensas fortunas da honradez e do alto significado existencial a que todos os seres estão destinados.

Em qualquer situação de difícil comportamento em que sejas situado, pergunta-te como Jesus agiria se fora com Ele, e faze conforme concluas que Ele o faria sempre com dignidade moral.

•••

JÚBILO intensa alegria, grande contentamento

DESDE QUE TRAVASTE CONTATO COM O MESTRE DE NAZARÉ MEDIANTE AS SUAS INCOMPARÁVEIS LIÇÕES DE IMORTALIDADE E VIDA, NUNCA TE APARTES DA DIGNIDADE PESSOAL, QUE SE ENCONTRA EXARADA NAS PÁGINAS RUTILANTES DO SEU EVANGELHO. EM QUALQUER SITUAÇÃO DE DIFÍCIL COMPORTAMENTO EM QUE SEJAS SITUADO, PERGUNTA-TE COMO JESUS AGIRIA SE FORA COM ELE, E FAZE CONFORME CONCLUAS QUE ELE O FARIA SEMPRE COM DIGNIDADE MORAL.

a SUBLIME CANÇÃO

15

OUVISTE A MELODIA DA SUBLIME CANÇÃO QUE vem, desde há dois mil anos, fixando nas mentes e nos corações a mensagem de libertação que o evangelho proporciona.

O doce canto de Jesus conseguiu atravessar os tempos e continuar fascinando as vidas que se Lhe entregaram em total oferta, anelando por permanecer diante do seu autor.

Cada frase rica de luz penetra os sentimentos humanos e desencarcera-os das malhas grosseiras das trevas da ignorância multimilenar, ofertando liberdade e vida.

Os textos encantadores que falam de parábolas portadoras de incomparável conteúdo relatam os *milagres* operados pelo amor, encantando os seres que aspiram por beleza e anseiam pela plenitude da imortalidade.

São narrados com ternura e ouvidos com unção, abordando o sofrimento da ovelha perdida e do seu pastor, a angústia da mulher que também perdeu uma dracma, o padecimento do genitor abandonado pelo filho ingrato e o seu arrependimento, a generosidade do homem de Samaria que encontrou o judeu caído e deixado na estrada, a ansiedade das virgens loucas e a tranquilidade das prudentes, o desgosto do rico perdulário e a harmonia do pobre Lázaro...

ANELAR desejar intensamente

PARÁBOLA narrativa sob forma figurada que evoca valores de ordem superior, encerra lições de vida e contém preceitos morais ou religiosos

UNÇÃO devoção

DRACMA moeda de prata da Grécia antiga

SAMARIA cidade e região da Palestina, capital do antigo reino de Israel

PERDULÁRIO aquele que gasta excessivamente; esbanjador, gastador

Jamais se haviam escutado canções como essas e acompanhado a modulação de voz do seu cantor como Ele o conseguiu fazer.

Por isso mesmo, toda essa musicalidade permaneceu insuperável, vencendo os séculos e enriquecendo-os de esperança e de harmonia, mesmo quando a *noite medieval* tentou obscurecer-lhe a encantadora magia.

HARPEJO arpejo: acorde em que as notas são executadas não simultaneamente, mas rápida e sucessivamente

Aqueles que ofertaram a própria vida ao ministério de permanecer ouvindo-as e vivenciando-lhes os delicados harpejos puderam resistir à opressão da loucura de cada época, à crueldade dos surdos em relação à verdade, entregando-se ao holocausto, cantando-as todas sob suplícios inenarráveis, ansiosos pelo momento de voltarem a ouvir o seu Cantor...

HOLOCAUSTO imolação; sacrifício

A sinfonia das *bem-aventuranças* permaneceu inconclusa, porque somente a poderiam completar aqueles que ultrapassassem os ritmos de cada canto na partitura existencial terrestre... E isso ocorreu, a partir do martirológio que escreveu na mesma página, que seriam ditosos aqueles que amassem até ao sacrifício da própria existência...

PARTITURA registro escrito que mostra a totalidade das partes de uma composição musical

E não foram poucos os poemas que nasceram entre as labaredas fumegantes que os devoraram, ou os punhais que lhes dilaceraram as carnes em forma de dentes dos animais selvagens ou dos instrumentos destrutivos habilmente manipulados por gladiadores insensíveis, a soldo da obsessão coletiva que tomou conta dos três primeiros séculos de expansão da musicalidade ímpar.

MARTIROLÓGIO lista de mártires

DITOSO feliz

A SOLDO DE a serviço, às ordens de (alguém)

A glória da imortalidade apresentada na ressurreição do Mestre compositor transformou-se no concerto final da epopeia musical da Sua mensagem.

RESSURREIÇÃO ressurgimento em espírito após a desencarnação

A canção continua ainda vibrando no ar da atualidade, modulada por incontáveis Espíritos que lhe sentem saudade e

EPOPEIA sucessão de eventos extraordinários, ações gloriosas, retumbantes, capazes de provocar a admiração, a surpresa, a maravilha, a grandiosidade da epopeia (poema épico)

necessitam da sua harmonia a fim de prosseguirem na indumentária material.

> INDUMENTÁRIA
> vestimenta, roupa

•

Se te encontras desiludido e magoado com os desafios da existência corporal, para um pouco na corrida do desencanto a que te entregas e ouve a música sem par do evangelho de Jesus.

Se experimentas angústia profunda e estás a ponto de desistir da jornada, diante dos problemas e sofrimentos que te assinalam a marcha, permite-te um momento de reflexão ouvindo um trecho da sinfonia das *bem-aventuranças*.

Se sofres o apodo e a perseguição gratuita ou não dos adversários de ocasião, renova-te ao compasso rítmico das parábolas portadoras de profundos ensinamentos, que foram cantadas aos ouvidos dos tempos, a fim de alcançar-te hoje a acústica da alma.

> APODO zombaria, gracejo; comparação jocosa ou ultrajante

Se enfermidades atrozes roubam-te as energias e pensas que não disporás de forças para suportar o testemunho, acompanha mentalmente o ritmo do Cantor no horto das Oliveiras, naquela noite tenebrosa de traição e de infelizes golpes, iniciando a tragédia que culminou no Gólgota.

Se sentes solidão e abandono, caminhando em pleno deserto, evoca os formosos *staccatos* no grande concerto que o Mestre regia sempre diante da multidão em sofrimento, partindo depois para a reflexão e o encontro com o Pai, distante de todos, a sós, e em oração.

> STACCATO modo de execução instrumental ou vocal no qual os sons de curta duração são separados uns dos outros por uma breve pausa

Se te sentes excluído do grupo social em que te movimentas como consequência da tua eleição espiritual, evoca a frase musical a respeito daqueles que devem *perseverar até o fim*, quando se encontrarão em paz.

Em qualquer situação, onde estejas e conforme te encontres, sob chuvas de desrespeito e açoites de incompreensões, tropeçando e caindo, fixa o pensamento na mensagem que se

JOANNA DE ÂNGELIS

faz refrão na canção incomum, quando se refere que *no mundo somente teremos aflições...*

MAVIOSO agradável aos ouvidos; melodioso; enternecedor

Impregnado dos acordes maviosos, torna-te, por tua vez, um cantor, modesto que seja, ampliando a música da alegria de viver por toda parte, a fim de que outros que se encontram aturdidos e inquietos possam acalmar as ansiedades, renovar as expectativas de felicidade, avançando na direção da melodia que verte do Alto e é conduzida pelos músicos espirituais encarregados de mantê-la viva e pulsante na Terra sofrida destes dias difíceis.

Nunca te permitas a surdez ou a indiferença ao sublime canto.

Aproveita o dia de luz enquanto transitas na roupagem carnal, contribuindo com o teu esforço em favor do movimento sinfônico do evangelho restaurado pelos imortais, trazendo de volta o inolvidável Cantor.

INOLVIDÁVEL inesquecível

Enxuga, portanto, o suor e as lágrimas, no lenço da alegria de viver, da oportunidade que desfrutas, e nunca te permitas o desfalecimento.

As dificuldades de hoje se tornarão os sorrisos de amanhã.

As expectativas de agora se converterão na realidade de logo mais.

O certo é que nunca mais alguém pôde como Ele cantar o *reino dos céus e sua justiça*, a conquista da felicidade e do bem-estar, conforme o fez.

Não te consideres deserdado do Seu amor, porque Ele te deixou a harmonia da mensagem para que te nutras com as suas vibrações, avançando, sorrindo e confiando, sem cessar, no grande final.

Lentamente, enquanto amanhece a era nova, o divino canto emociona o mundo sofrido e as vidas estioladas, proporcionando-lhes renovação e estímulo para que prossigam todos os indivíduos no bom combate.

ESTIOLADO debilitado; enfraquecido

Onde quer que te apresentes, canta sempre a abertura da suave e doce canção: *Paz seja convosco!* E faze-te, por tua vez, também cantor da iluminação de todos os seres, pois que, para isso, estás convidado...

•••

ONDE QUER QUE TE APRESENTES, CANTA SEMPRE A ABERTURA DA SUAVE E DOCE CANÇÃO: PAZ SEJA CONVOSCO! E FAZE-TE, POR TUA VEZ, TAMBÉM CANTOR DA ILUMINAÇÃO DE TODOS OS SERES, POIS QUE, PARA ISSO, ESTÁS CONVIDADO...

TUA CONTRIBUIÇÃO

16

RECONHECES AS DIFICULDADES QUE SE AVOLU-mam em todos os segmentos da sociedade moderna, convidando à reflexão e ao equilíbrio.

Distúrbios de toda ordem tomam conta do planeta, arrebanhando as multidões desequipadas de valores morais elevados, que se permitem anestesiar pelas influências doentias, intoxicando-se, alucinando-se.

Belas edificações do amor, de um para outro momento ruem, reduzindo-se a escombros ameaçadores.

Pessoas idealistas que, por um instante, abraçavam os labores do bem com entusiasmo, repentinamente mudam de comportamento, apresentando-se perturbadas ou deprimidas, agressivas e queixosas de todas as demais...

LABOR trabalho; esforço

Núcleos de iluminação espiritual multiplicam-se e surgem líderes carismáticos atraindo expressivo número de interessados, que logo se desencantam com as suas façanhas verbais ante os exemplos infelizes que se permitem no comportamento individual.

Acompanhas a saga dos triunfadores de um dia, logo atirados ao olvido, substituídos por outros mais audaciosos e impudicos, desaparecendo do cenário onde desempenharam papel de grandiosidade e foram quase deuses...

OLVIDO esquecimento

IMPUDICO que não tem pudor; imoral

Porque te encorajas a seguir Jesus com dedicação, sofres crítica dos ociosos, que se permitem o luxo de ficar nos gabinetes censurando aqueles que estão nas batalhas do cotidiano, porque não têm a coragem de enfrentar os combates corpo a corpo das necessidades evolutivas.

Se te cuidas, a fim de não pareceres negligente ou irresponsável, és taxado de vaidoso e prepotente.

Se te apresentas com a melhor simplicidade, censuram-te e acusam-te de hipocrisia, porque a verdadeira humildade não se encontra na aparência, mas no interior.

Já que te manténs fiel ao compromisso que abraças desde quando o Senhor te convocou para o Seu serviço, ironizam-te, apodam-te de desfrutador e oportunista.

Como não dás importância aos seus atentados contra a tua honorabilidade, mais te detestam, porque desejariam que parasses, a fim de que pudessem demonstrar que não era legítimo o teu devotamento.

Muitos companheiros esperavam e desejavam a tua desistência das lutas e obstáculos que te colocam à frente, no entanto, porque prossegues intimorato, caluniam-te e zombam da tua constância no bem.

Isso, porém, não é somente em relação a ti, mas a todos que se não submetem aos seus padrões de exigências, aos valores que se atribuem, ao zelo hipócrita que se permitem em favor do ideal que dizem abraçar.

Aqueles que hoje são elogiados, porque já desencarnaram, não passaram incólumes das mesmas acusações que hoje assacam contra ti e outros mais, levando-os às lágrimas e à terrível solidão.

Eles não sucumbiram na oportunidade em que foram perseguidos e maltratados porque estavam servindo a Jesus sem o aplauso do mundo.

APODAR
qualificar de modo desabonador

HONORABILIDADE
integridade, honestidade; honra

INTIMORATO
que não sente temor; destemido, valente

INCÓLUME
livre de dano ou perigo; intato, ileso

ASSACAR
imputar caluniosamente, atribuir sem fundamento

A competição da inveja é estarrecedora e sem nenhuma honorabilidade.

Tudo faz para chamar a atenção para si, mesmo que seja por intermédio do envenenamento daqueles a quem detesta.

Permanece assim, exatamente como estás...

•

Jesus não passou indene a esses fariseus que, no Seu tempo, eram igualmente pusilânimes, travestidos de honoráveis e preservadores da fé herdada de Moisés...

Segue em direção ao Calvário alegremente, porquanto necessitas de esquecer-te de ti mesmo, para pensar, divulgar e viver Jesus.

Não temas a crucificação, porque somente após ela é que ressuscitarás em luz.

Os cristãos primitivos doavam a existência pela honra de conhecer o Senhor a quem amavam.

Todos os martírios imagináveis foram-lhes infligidos, e eles mantiveram-se alegres e fiéis.

A tua contribuição é o exemplo de coragem e de compaixão para com eles, que deves oferecer em qualquer circunstância.

Desse modo, alegra-te sempre quando fores malsinado por amigos ou companheiros de lide, permitindo-lhes a conduta infeliz e a ti exigindo sempre a transformação para melhor em toda e qualquer circunstância.

A grande noite moral que se abate sobre a Terra foi anunciada por Jesus e confirmada por Allan Kardec, que a todos convidaram a reflexionar em torno da transitoriedade do período mais difícil.

Trabalha com afã, com equilíbrio e sem aflição nenhuma, certo de que ao Senhor cabe a tarefa que não podes realizar, mantendo-te nos limites das tuas forças e possibilidades. Não esqueças, porém, da autoiluminação, durante o esforço de

---

INDENE que não sofreu dano; ileso

FARISEU grupo religioso judaico, surgido no séc. II a.C., que vivia na estrita observância das escrituras religiosas e da tradição oral, comportando-se de maneira formalista e hipócrita

PUSILÂNIME que revela fraqueza moral; covarde

CALVÁRIO monte onde Jesus foi crucificado; tormento, martírio

MARTÍRIO tortura ou morte infligidos a alguém por causa de sua fé ou de suas ideias

MALSINADO caluniado

LIDE trabalho; luta

AFÃ empenho, zelo

auxiliar o próximo e de construir uma nova e feliz mentalidade entre as criaturas humanas.

"Do que vale salvar o mundo e perder a alma?" – indagou Jesus aos Seus discípulos, ensinando que o autoamor é de muita importância na execução da tarefa espiritual na Terra.

É muito fácil abraçar-se uma causa meritória por breve período de tempo. Permanecer, no entanto, com fidelidade através dos anos até o fim da existência é mais difícil, constituindo um desafio ser o mesmo na invernia dos testemunhos, na primavera dos sorrisos, no verão das realizações, assim como no outono dos desencantos...

Se cada servidor do evangelho se preocupasse em fazer bem a parte que lhe cabe, mais facilmente seria instalado o *reino dos céus* na Terra sofrida.

Não te rejubiles, portanto, ante o aplauso, que se pode converter em pedradas, nem desanimes ante os apedrejamentos, que se podem transformar em futuras ofertas de flores de alegria...

Tudo passa com rapidez no mundo dos sentidos físicos, permanecendo somente o amor e o bem que se possa viver.

•

A tua hora é esta. Não foi ontem, tampouco será amanhã.

Hoje é o teu dia de renovação e de construção da futura harmonia.

Continua capinando o teu jardim, dele arrancando as ervas más que medram com facilidade e plantando o trigo bom que se converterá em pão.

O Senhor espera por ti...

Não te detenhas pelo caminho em autodefesas, em autojustificações nem em recriminações.

A tua contribuição é o amor incessante na seara em que mourejas.

•••

A TUA HORA É ESTA. NÃO FOI
ONTEM, TAMPOUCO SERÁ
AMANHÃ. HOJE É O TEU DIA
DE RENOVAÇÃO
E DE CONSTRUÇÃO
DA FUTURA HARMONIA.
CONTINUA CAPINANDO
O TEU JARDIM, DELE
ARRANCANDO AS ERVAS MÁS
QUE MEDRAM COM
FACILIDADE E PLANTANDO
O TRIGO BOM QUE SE
CONVERTERÁ EM PÃO.
O SENHOR ESPERA POR TI...

a BÊNÇÃO *do* PERDÃO

17

A HARMONIA UNIVERSAL É RESULTADO DO EQUI-líbrio entre tudo quanto existe na infinitude das suas diferenças.

Seja no macro ou no microcosmo, reina a ordem, embora, ao olhar precipitado do observador, apresente-se em forma de caos. Esse caos nada mais é do que o resultado da pobreza de quem o contempla.

No perfeito ajustamento que vige nas leis do universo, as diferenças produzem o conjunto equilibrado, semelhante ao que ocorre numa orquestra constituída por inúmeros instrumentos musicais seguindo a mesma partitura sob a regência de um sábio.

O Pai Amoroso é esse regente universal que criou tudo, tendo como regra básica a simetria.

Os seres humanos também são diferentes sob todos os aspectos considerados: fisiológica, psicológica e mentalmente, em razão do processo de evolução no qual todos se encontram em trânsito. É natural, no entanto, que tenham as mesmas dificuldades, paixões, aspirações e sofrimentos, variando de biotipologia e intensidade emocional.

Como consequência, nos relacionamentos de qualquer natureza, sempre ocorrem desafios à fraternidade e à afeição, ao

VIGER
estar em vigor; ter eficácia, vigorar

PARTITURA
registro escrito que mostra a totalidade das partes de uma composição musical

SIMETRIA
conjunto de proporções equilibradas

FISIOLÓGICO
relativo a fisiologia (estudo das funções orgânicas e dos processos vitais dos seres vivos)

BIOTIPOLOGIA
caracteres físicos de um indivíduo

respeito e ao comportamento, dando lugar aos atritos, às desconfianças, às agressões, às inimizades...

Aqueles que se movimentam nas faixas mais primárias do processo de desenvolvimento ético-moral não dispõem das necessárias energias para o equilíbrio, derrapando em contínuas situações de agressividade e de desconsideração pelos demais.

Ainda sofrem os impedimentos defluentes dos instintos, do egoísmo, no qual se escudam, para combater todos quantos, por uma ou outra razão, ou mesmo sem motivo nenhum, apresentam-se-lhes antipáticos ou ocupam o lugar que supõem pertencer-lhes, embora sem condições.

Tornam-se, em razão disso, ferrenhos adversários que se comprazem em malsinar, agredir e criar dificuldades.

A verdadeira compreensão do seu estágio antropopsicológico permite que seja desculpado por aquele que se lhe torna vítima indefensa.

Todos experimentam impedimentos no propósito interior da transformação moral para melhor.

Superar os instintos e adotar a razão como norma de conduta, sem as exigências descabidas nem as negligências convencionais, constitui motivo grave para viver-se em harmonia consigo mesmo, e, por extensão, com o seu próximo.

Somente através do autoconhecimento, dos exercícios de reflexão em torno dos problemas existenciais, adquire-se o equilíbrio e o sentimento de amor capaz de desenvolver o perdão como norma de conduta em todos os momentos.

Descobrindo-se em dificuldades para a superação das tendências negativas e perturbadoras, fácil se torna compreender que os outros também sofrem da mesma situação. E assim sendo, surge a tolerância em torno das deficiências alheias, desenvolvendo-se o sentimento de compaixão para com as misérias humanas, caminho ainda difícil para a ascensão espiritual.

•

DEFLUENTE que se origina; decorrente

COMPRAZER deleitar-se; autossatisfazer-se

MALSINAR desvirtuar; atribuir caráter mau; condenar

ANTROPOPSICOLÓGICO simultaneamente antropológico (relativo ao homem, em seus aspectos biológicos e comportamentais) e psicológico (pertencente à psique ou aos fenômenos mentais ou emocionais)

INDEFENSO indefeso; desprotegido

Esforça-te para não carregar o lixo mental do ressentimento, que responde por muitos males que infelicitam as pessoas rancorosas.

Quando se cultiva a mágoa, que dá lugar ao desejo de vingança, envenena-se, no falso pressuposto que esse tóxico irá matar o adversário, sendo por ele, porém, lentamente assassinado.

Somente o perdão incondicional é portador de paz íntima, libertando o Espírito de todos os atavismos doentios que ainda ressumam no seu comportamento.

De maneira figurativa, todas as criaturas possuem no íntimo um cordeiro pacífico e gentil e um lobo feroz e devorador, que se espreitam, que lutam e que se defendem mutuamente, conforme as conjunturas quando se encontram.

Certamente a vitória será daquele que for mais bem alimentado pela mente e pelas emoções de quem os conduz.

Não poucas vezes, quando se pensa em perdão, vem à mente aquele de natureza teológica, tradicional, que representa a conquista de um passaporte para os céus.

A função do perdão é muito mais significativa e de resultados mais imediatos, por constituir-se elemento fundamental na conquista e na preservação da saúde real.

Se crês difícil aplicar a bênção do perdão em relação ao que te ocorre de desagradável, a quem te maldiz, entende quanto é mais complexo tornar-se melhor aquele que te cria embaraços e animosidades.

A primeira técnica para a dádiva do perdão é fazer-se silêncio ante a acusação, não vitalizando o mal de que se reveste. No algodão do silêncio morrem as agressões ou têm diminuídos o impacto e a ira do agressor.

O inimigo é alguém infeliz, que se sente desamparado, que conserva inteira a *criança maltratada*, fugindo sempre para a agressividade, a fim de esconder a sua insegurança.

ATAVISMO
herança de caracteres de existências anteriores

RESSUMAR
manifestar-se de maneira evidente; revelar-se

ESPREITAR
olhar atentamente; vigiar; analisar

TEOLÓGICO
relativo ao conjunto dos princípios de uma religião

O esforço pelo perdão não significa que as mágoas sejam submetidas ao impulso do bem, que as dores sejam desconhecidas, que todas as ofensas sejam *jogadas sob o tapete* no inconsciente...

Se assim o fizeres, estarás somente transferindo-as de campo emocional, gerando conflitos desnecessários.

Todas elas devem ser diluídas, compreendidas, superadas, como resultado das reflexões saudáveis em torno do próximo e da existência.

Por tua vez, também carregas muitas imperfeições morais que vens superando pouco a pouco, naturalmente contando também com a bondade dos outros que te facultam a oportunidade de errar e corrigir-te, de cair e reerguer-te, de aprender desprendimento pessoal e solidariedade.

Ninguém se movimenta no mundo sem enfrentamentos, que são excelentes oportunidades para se medir os valores morais íntimos, as conquistas mentais, as realizações pessoais.

Nunca estranhes, portanto, as pedradas quando no transcurso das reencarnações.

Elas fazem parte dos mecanismos de desenvolvimento espiritual, auxiliando-te no avanço pela trilha do bem.

•

CALVÁRIO monte onde Jesus foi crucificado

A lição grandiosa do Calvário, além do testemunho do Mestre, foi o Seu brado de perdão, suplicando ao Pai misericórdia e compaixão para aqueles que O matavam...

Ali, Jesus demonstrou o Seu incomparável amor para com todas as criaturas, especialmente para aquelas que O perseguiam, fascinadas pelos nefandos interesses do imediatismo carnal.

NEFANDO moralmente degradado

Segue-Lhe o exemplo, e sê tu aquele que vivencia a honra da graça do perdão a todos.

•••

NINGUÉM SE MOVIMENTA
NO MUNDO
SEM ENFRENTAMENTOS,
QUE SÃO EXCELENTES
OPORTUNIDADES PARA SE
MEDIR OS VALORES MORAIS
ÍNTIMOS, AS CONQUISTAS
MENTAIS, AS REALIZAÇÕES
PESSOAIS. NUNCA
ESTRANHES, PORTANTO,
AS PEDRADAS QUANDO
NO TRANSCURSO
DAS REENCARNAÇÕES.
ELAS FAZEM PARTE
DOS MECANISMOS
DE DESENVOLVIMENTO
ESPIRITUAL, AUXILIANDO-TE
NO AVANÇO PELA TRILHA
DO BEM.

a DOLOROSA NOITE ESCURA

18

FOI SÃO JOÃO DA CRUZ, O GRANDE MÍSTICO ESPA-nhol, quem primeiro referiu-se à *noite escura da alma*, durante o seu ministério de interiorização, na busca do Cristo real enclausurado no seu ser profundo.

A solidão e a ausência de vida, no imenso vazio existencial, fê-lo experimentar a amargura e a aflição, embora buscasse com todas as forças encher-se de alegria e da presença divina.

Muitos séculos mais tarde, madre Tereza de Calcutá procuraria também inundar-se da presença de Deus, no serviço ao seu próximo, os pobres dentre os mais pobres, e quanto mais O buscava, mais isolada se sentia, chegando a considerar-se destituída de amor, de fé, de certeza, se o seu era o trabalho que Ele desejava.

Nas angústias que a maceravam, porém, deu-se conta que havia solicitado sofrer as agruras do Calvário, atender a sede de Jesus na cruz, e que, por isso, vivia atormentada pela ausência Dele no seu íntimo.

Temia estar fingindo, enganando os demais com a sua abnegação e alegria exterior, quando, em realidade, sentia-se frustrada, profundamente isolada, *rejeitada* por Ele...

Sucede que o Espírito, acostumado com as imposições da matéria, quando se resolve eleger a sublime presença da verdade, aturde-se no abismo que o separa do Criador, que

MACERAR
machucar; infligir--se sofrimentos

AGRURA
padecimento físico ou espiritual; dissabor, aflição

CALVÁRIO
monte onde Jesus foi crucificado

certamente não pode ser detido nos limites da individualidade humana.

A *sombra* atormenta-o, na condição de herança do passado delituoso, no qual as realizações foram assinaladas pela predominância do ego infeliz, gerador de inumeráveis transtornos, agora expressando-se como vazio existencial.

A força moral, porém, do *self* sobrepondo-se conduz o ser ao trabalho que dignifica, lentamente restituindo a Presença através da meditação, da oração, no princípio, sem os valores qualitativos da paz, da segurança interior, da emoção de vida...

A perseverança no objetivo, por fim, preenche de luz a área em que permanece a *sombra*, produzindo a perfeita identificação do eixo com o *self*.

Inúmeras vezes, no teu processo de união com Deus através de Jesus Cristo, perceberás a solidão, o *desprezo* da divindade aos teus ansiosos apelos.

Como ainda não és capaz de assimilar as emoções transcendentes, atravessas a *noite escura da alma*, em angústias e padecimentos, em razão da diferença entre o que és espiritualmente e o a que aspiras.

Saulo de Tarso viveu esse tremendo paradoxo durante o seu exílio no oásis de Dan, apesar da presença dos amigos Áquila e Prisca, sofrendo o *abandono* necessário ao amadurecimento espiritual, a fim de dispor de forças para os testemunhos que o aguardavam durante as futuras pregações.

A insistente busca de sentido existencial deve preencher as horas do sincero discípulo do evangelho que, no início, não merece fruir da anelada ventura da Presença, pois que não possui as condições próprias para a experiência mística transcendente da entrega total...

EGO centro da consciência; é parte da identidade do indivíduo, responsável pela relação com o mundo exterior e pela busca das necessidades do ser

SELF indivíduo, tal como se revela e se conhece, representado em sua própria consciência

TRANSCENDENTE superior, sublime; que excede a natureza física

PARADOXO aparente falta de nexo ou de lógica; contradição

FRUIR desfrutar, gozar, utilizar

ANELADO muito cobiçado; desejado

Muito tempo depois, havendo sofrido todas as imagináveis vicissitudes, o apóstolo Paulo diria que já *não era ele quem vivia, mas Cristo que nele vivia.*

•

Toda vez, quando, no serviço do Senhor, sintas a alma dominada pela noite triste da escuridão, evita entregar-te à sombra espessa, deixando-te arrastar pelo desânimo ou desencantamento.

Não esperes um céu de delícias imediatas na experiência autoiluminativa a que te entregas.

Considera os milênios de trevas em que te envolveste e perceberás que a débil claridade da esperança irá envolver-te pouco a pouco, nunca de uma só vez.

É necessário que desbastes a densa escuridão com a dúlcida claridade da oração em que os teus sentimentos participem da experiência mística, a fim de dispores de forças para avançar com segurança na trajetória traçada.

Dessa forma, aprende a conviver com a prece, tornando-a elemento nutriente para a alma, amiga constante das reflexões e companheira da solidão.

Sempre, quando oras, elevas-te mentalmente e penetras nas faixas mais sutis da vida, por onde transitam as vibrações de harmonia, de ordem, de equilíbrio.

Ao fazê-lo, e fruíres as energias de que se constituem, sentir-te-ás mais vigorado para os futuros tentames, robustecendo a confiança em Deus e aguardando-O, não em forma humana, mas como força íntima e alegria profunda para a dedicação total.

Muita falta faz a oração ao ser humano contemporâneo.

Havendo aprendido que orar é repetir palavras, algumas cabalísticas, não sabe expor ao Pai Todo Amor as suas necessidades, que devem ser precedidas do louvor pela vida, pelos valores de que se enriquece, a fim de melhor expressar tudo

VICISSITUDE condição que contraria ou é desfavorável a algo ou alguém; insucesso, revés

DESBASTAR tornar menos espesso; limpar

DÚLCIDO que se caracteriza pela doçura; brando, meigo, suave

TENTAME tentativa, ensaio

CONTEMPORÂNEO que é do tempo atual

CABALÍSTICO que é ou tem significado oculto, secreto ou misterioso; enigmático, incompreensível

aquilo que lhe falta no momento e que se lhe torna indispensável à existência saudável.

Logo após, não se olvidar de agradecer, expressando as emoções deliciosas do instante de conúbio com a área psíquica transcendente onde sintonizou o pensamento.

A oração, portanto, não é um ato mecânico de repetir palavras, mas uma experiência vívida de comunhão com Aquele a Quem se dirige o pensamento, buscando a união mental, a identificação com a Sua sabedoria e misericórdia.

Lentamente, aprende-se o abandono do ego em favor do ser profundo que se é, deixando à margem os caprichos e louvaminhas, substituídos pelas nobres aspirações da beleza, da paz, da entrega...

Será nessa conjuntura que se tornará positiva a contribuição gentil com o próximo de toda forma possível: desde a oferta de um copo com água fria, à doação de si mesmo, em benefício das suas aflições perturbadoras e desgastantes.

Nesse afã natural de servir, inundando-se das bênçãos da caridade real, enriquece-se o Espírito de alegria por perceber que a Presença faz-se suavemente no imo, espraiando-se por todo o ser que é, transformando-se em suave claridade na escuridão, apontando o rumo de segurança para o encontro com a Grande Luz.

A realização de qualquer empreendimento é executada com momentos de amplo júbilo e outros de cansaço ou desar. O importante é não parar para examinar resultados, permanecendo-se fiel ao propósito inicial abraçado.

•

Cientistas e santos, artistas e mártires, filósofos idealistas e místicos, e as criaturas honestas e sinceras em geral, que abraçam experiências dignificadoras, todos experimentam a *noite escura da alma*, exatamente porque as suas são aspirações que transcendem o comum, o corriqueiro, o imediato da conjuntura material.

Mesmo Jesus, a fim de ensinar-nos como deve ser a entrega total a Deus, experimentou no jardim das Oliveiras a *Sua noite escura da alma*, traído por um amigo, abandonado pelos demais, suando sangue e vivendo solidão, que Lhe precederam o momento sublime e incomparável da ressurreição gloriosa, poucos dias depois...

A *noite escura da alma* é o amanhecer do dia glorioso da imortalidade em triunfo.

• • •

TRANSCENDER
ir além dos limites de; superar

RESSURREIÇÃO
ressurgimento em espírito após a desencarnação

TODA VEZ, QUANDO, NO SERVIÇO DO SENHOR, SINTAS A ALMA DOMINADA PELA NOITE TRISTE DA ESCURIDÃO, EVITA ENTREGAR-TE À SOMBRA ESPESSA, DEIXANDO-TE ARRASTAR PELO DESÂNIMO OU DESENCANTAMENTO. NÃO ESPERES UM CÉU DE DELÍCIAS IMEDIATAS NA EXPERIÊNCIA AUTOILUMINATIVA A QUE TE ENTREGAS. *A NOITE ESCURA DA ALMA* É O AMANHECER DO DIA GLORIOSO DA IMORTALIDADE EM TRIUNFO.

a ENTREGA PESSOAL

19

QUANDO SE TRATA DAS LUTAS TERRESTRES, AQUE-
las que dizem respeito aos interesses materiais, os indivíduos sinceros atiram-se, com afã e devotamento, na conquista
dos valores que os exaltarão no conjunto social, concedendo-
-lhes poder e prazer, de forma que se tornem destacados na
comunidade.

AFÃ empenho, zelo

Mesmo atingindo as elevadas metas que perseguiam, prosseguem na intérmina labuta de adquirir mais, afadigando-se
até a exaustão com a finalidade de amealhar fortuna e distinções que fascinam o ego.

LABUTA trabalho
árduo e penoso

AFADIGAR trabalhar
exaustivamente

No que diz respeito às questões espirituais, no entanto, quase normalmente em segundo plano, a morosidade e os melin-
dres fazem-se presentes continuamente, impedindo a entrega
pessoal aos ideais que parecem agasalhar.

EGO centro da
consciência; é parte
da identidade do
indivíduo, responsá-
vel pela relação com
o mundo exterior
e pela busca das
necessidades do ser

Com relativa e variada constância, mudam de conceitos,
procuram escusas para afastar-se dos compromissos, alegam
cansaços e incompreensões, como se buscassem um clube social para o relaxamento do trabalho convencional, ou para o
jogo dos interesses imediatos, e não um educandário para a
tarefa de autoiluminação.

ESCUSA descul-
pa, justificação

Ocorre que a convicção religiosa que os caracteriza nem
sempre é fundamentada nos fatos que convencem o intelecto

ÉGIDE
amparo, proteção

CONSOLADOR espiritismo, Consolador prometido por Jesus, conforme o relato evangélico de João (14:15–17, 26)

ORTODOXO que professa os padrões, as normas ou os dogmas tradicionais

MORBIDEZ estado ou condição doentia; abatimento físico e/ou psíquico; ausência de vigor, de força

TRANSCENDENTE superior, sublime; que excede a natureza física

TORPOR indiferença ou apatia moral

SEARA campo; área de atividade

ARISTOCRACIA nobreza, grandeza, superioridade, distinção

SERVILISMO espírito de servidão, de sujeição à vontade alheia na condição de servo

e alteram o comportamento emocional, ensejando alegria real e renovação interior no compromisso que abraçam.

Infelizmente, o mesmo fenômeno acontece nas fileiras do moderno cristianismo sob a égide do *Consolador*.

Fascinando-se, a princípio, com os conteúdos extraordinários da revelação espírita, parecem despertar para a realidade dantes desconhecida e empenham-se até com certo fervor na vivência e na divulgação da mensagem libertadora.

Para eles, Jesus ressurge das cinzas das doutrinas ortodoxas em toda a Sua grandeza e assinala-lhes as possibilidades enriquecedoras da harmonia íntima, da libertação das paixões perturbadoras, dos estados de morbidez, dos tormentos muito comuns aos demais seres humanos, aqueles que ainda não despertaram para a compreensão dos valores transcendentes da vida.

À medida que o tempo transcorre e deveriam aprofundar os estudos e o comportamento nas sábias diretrizes apresentadas no evangelho, um certo torpor toma-lhes conta e a monotonia assenhoreia-se-lhes, fazendo que passem a estranhas condutas exigentes em relação aos outros, à busca de pretextos para afastar-se da responsabilidade espontaneamente assumida, acusando de irresponsabilidades os demais e atribuindo-se direitos que, em realidade, não possuem.

O trabalho na seara de Jesus é de abnegação pessoal intransferível, e cada candidato deve procurar compreender que necessita servir, em vez de considerar-se como indispensável ou de relevância no conjunto.

A única aristocracia que se revela no grupo é a de natureza moral e espiritual, destacando-se o indivíduo pela abnegação e devotamento, sempre disposto a servir e a amar, sem a preocupação de receber a retribuição mediante os aplausos enganosos ou o servilismo infeliz.

Quem realmente encontra Jesus experimenta uma profunda mudança de conceito em torno da existência e, sendo honesto consigo mesmo, procura deixar-se penetrar pelo Seu inefável amor, tornando-se, conforme a expressão paulina, uma *carta viva do evangelho*.

•

Quando Jesus se refere aos deveres para com César e para com Deus, deixa muito claro que o reino dos céus tem preferência ao mundo terrestre. Este é transitório, aquele é permanente. Um é aparente, enquanto o outro é real.

Eleger-se Deus em detrimento de Mamon é ato de grande audácia e de superior discernimento em torno da existência corporal.

Certamente, não é necessário abandonar-se o mundo e os compromissos com a sociedade, esses valiosos instrumentos que fomentam o progresso e desenvolvem os sentimentos nobres, para ser-se fiel ao trabalho iluminativo.

Muitas vezes, quando se busca o isolamento a pretexto de bem servi-Lo, quase sempre existem razões conflitivas no íntimo do indivíduo que, dessa maneira, foge dos enfrentamentos que lhe seriam necessários ao burilamento interior.

Ninguém serve a Deus, abandonando o mundo e suas tribulações. É exatamente nesse atritar de interesses, nem sempre saudáveis, que o cristão pode aferir a sua fidelidade aos objetivos interiormente abraçados.

Isso, porém, não o impede de manter fidelidade integral à fé racional que o inunda de alegrias e o fortalece diante dos naturais embates que o edificam.

A entrega total a Jesus não significa desprezar as demais pessoas, antes representa maior soma de interesse pelo próximo, de dedicação à prática do bem, de realizações favoráveis ao desenvolvimento ético, moral e cultural da sociedade.

INEFÁVEL que não se pode descrever em razão de sua natureza, força, beleza; indescritível

PAULINA relativa ao apóstolo Paulo

CÉSAR Caio Julio César (13/Jul/100 a.C. – 15/Mar/44 a.C.) foi um nobre, líder militar e político romano

MAMON termo, derivado da *Bíblia*, usado para descrever riqueza material ou cobiça, personificado como uma divindade

AUDÁCIA ousadia

BURILAMENTO aprimoramento, aperfeiçoamento

Jesus é o grande libertador das consciências e, por isso mesmo, marcha à frente, tendo tido, quando na Terra, a preocupação de realizar tudo quanto lecionava aos discípulos e ao povo sedento de misericórdia e de paz.

As enfermidades que dilaceravam as multidões eram a capa externa do seu estado interior, dos seus tormentos dominadores, que o Senhor diluía, a fim de que pudessem compreender quão transitórias são todas as ocorrências no mundo, tanto as agradáveis quanto, também, as afligentes...

Quando o discípulo da palavra compreende que tem um compromisso com a verdade e que a sua existência está traçada para que se engrandeça e alcance a luz da serenidade e da alegria de viver, é inevitável conseguir a entrega plena Àquele que o atrai e o fascina.

ARROUBAMENTO
arroubo: manifestação ou expressão súbita e intensa; êxtase, entusiasmo; arrebatamento

Certamente, não se trata de uma atitude de arroubamento, de um entusiasmo rápido, mas de um profundo trabalho de reflexão, considerando os valores que se encontram em jogo, as opções diferentes, e elegendo aquelas que se lhe apresentam como fundamentais para a conquista da plenitude.

•

Caso te encontres na encruzilhada difícil da decisão entre o mundo e Jesus, não te permitas perturbar.

Ora e, envolvendo-te nas sublimes energias que vertem do Mais Alto, deixa-te inspirar pela sabedoria dos ensinamentos Dele, que te estão ao alcance, e decide-te, assumindo a responsabilidade integral pela conclusão a que chegaste.

Depois de experimentares a Sua presença no teu mundo íntimo, tudo mais se apresentará menos importante, e cada vez sentirás mais sede de comunhão com Ele e com a vida verdadeira.

Jamais te arrependerás pela aceitação consciente do compromisso.

Enfrentarás, sem dúvida, dificuldades e viverás momentos de dor, como é perfeitamente compreensível.

Mas tem em mente que o Seu é um fardo leve, e muito suave o Seu julgamento, deixando que Ele tome conta das tuas dores e ajude-te a superá-las.

Segue em frente e, oportunamente, quando o anjo da desencarnação cerrar as tuas pálpebras, descortinarás a vida exuberante aguardando-te, e Ele, de braços abertos, receber-te-á com júbilo.

JÚBILO intensa alegria, grande contentamento

•••

CASO TE ENCONTRES NA ENCRUZILHADA DIFÍCIL DA DECISÃO ENTRE O MUNDO E JESUS, NÃO TE PERMITAS PERTURBAR. DEPOIS DE EXPERIMENTARES A SUA PRESENÇA NO TEU MUNDO ÍNTIMO, TUDO MAIS SE APRESENTARÁ MENOS IMPORTANTE, E CADA VEZ SENTIRÁS MAIS SEDE DE COMUNHÃO COM ELE E COM A VIDA VERDADEIRA.

CIDADANIA UNIVERSAL

20

CONFUNDE-SE, NORMALMENTE, O COMPORTAMEN-to sério e digno com petulância e presunção.

A imaturidade psicológica de alguns neófitos no conhecimento austero do espiritismo conclui, equivocamente, que a simplicidade de coração e a modéstia ensinadas pela doutrina devem revestir-se de aparência descuidada, de linguajar simplório, de exageros verbais e loquacidade intempestiva, derrapando em transtornos de conduta social e malformação educacional no reduto doméstico.

Todo tema e doutrina graves devem ser tratados de maneira elevada, utilizando-se linguagem apropriada, compostura correspondente ao significado nobre do empreendimento, aplicação adequada à conduta.

Com certeza, não se trata de utilizar-se de qualquer tipo de máscara de severidade à face afivelada, de semblante carrancudo ou de palavrório complicado.

As questões superiores são tratadas com respeito e gravidade, de modo que se incorporem ao ser que as penetra.

Seriedade não equivale a introspecção constrangedora que distancia um de outro indivíduo, assim como jovialidade não pode ser entendida como vulgaridade no trato e convivência com os demais.

NEÓFITO iniciante, aprendiz de qualquer ofício; novato, principiante

AUSTERO rigoroso

LOQUACIDADE grande capacidade para falar, discursar, verbalizar

INTEMPESTIVO súbito, inoportuno; impensado

INTROSPECÇÃO ação ou resultado de se voltar para si mesmo

O conhecimento espírita, cuidando essencialmente dos princípios de alta relevância em torno do ser, da sua existência na Terra, dos processos de superação dos atavismos infelizes, do crescimento interior de natureza intelecto-moral, estabelece propósitos de elevação espiritual, substituindo as vacuidades do trânsito carnal pelos altos significados de caráter imortalista.

Visa, sobretudo, ao entendimento em torno das ocorrências do dia a dia, mediante as suas implicações filosóficas, a fim de tornar a experiência evolutiva mais saudável, muito melhor a vivência dos conteúdos de que se reveste, de forma que o aprendiz amadureça psicologicamente com mais rapidez do que aqueles que buscam outras formas para a conquista da felicidade.

Elucidando as razões do sofrimento e dos imensos conflitos que aturdem a sociedade, ampliando os horizontes terrestres e demonstrando que *a casa do Pai tem muitas moradas*, que são esses majestosos ninhos de astros que gravitam nos infinitos espaços, propõe esperanças e consolações, comportamentos otimistas e grandiosos, descerrando a cortina que impede a melhor visão do destino e da própria imortalidade.

É natural que a responsabilidade tome conta do caráter de quem se afeiçoa ao estudo e à vivência de tão magnífica proposta, despertando-lhe o interesse incontido de experienciar desde logo a exuberância de tudo quanto lhe está destinado.

À estreiteza da visão do mundo físico, transitório e conflitivo, a majestade do cosmo com os seus arquipélagos de astros fulgurantes, aguardando pelos viajores audaciosos, após a sua vitória sobre os caminhos tortuosos por onde deambulam na atualidade.

Na sua face, ao invés da expressão rude e agressiva, surge a alegria espontânea, uma peculiar luminosidade que se origina

ATAVISMO
herança de caracteres de existências anteriores

VACUIDADE
ausência de valor

FULGURANTE
brilhante; cintilante

DEAMBULAR
andar à toa; vaguear, passear

no cerne do Espírito e espraia-se em forma de expectativa pelo que logo mais conseguirá.

Tornam-se, naturalmente, cidadãos do universo, com imensa gratidão pelo planeta que lhes é mãe generosa, preparando-os para a conquista das estrelas.

ESPRAIAR irradiar, lançar para todos os lados; propagar

•

Esforça-te por libertar-te das algemas que te retêm no cárcere privado dos conflitos, das paixões servis, das heranças que ditam os falsos comportamentos, dos complexos de culpa, de inferioridade...

CÁRCERE cadeia, prisão

És filho de Deus em processo de crescimento espiritual.

A divina paternidade criou-te para que sejas herdeiro do universo.

Amplia a capacidade de entendimento em torno da vida e não te detenhas.

Avança da treva da ignorância para o rumo da luz libertadora.

Satisfaze-te com o conseguido, sem te deteres no já logrado, avançando sempre e sem cessar, recordando-te, porém, dos irmãos da retaguarda, daqueles que necessitam da tua ajuda, a fim de poderem crescer também contigo.

LOGRADO conquistado, alcançado

Nunca te ensoberbeças em razão do que sabes, compreendendo que a visão ampla de hoje estará totalmente superada mais tarde, quando alcançares um patamar de mais amplitude.

ENSOBERBECER orgulhar-se

Torna-te compassivo em relação àqueles que te não conhecem e que te combatem ferozmente, dominados pela inveja, sob o açodar dos tormentos que os vencem impiedosamente.

AÇODAR incitar, instigar

Eles, os teus perseguidores, não são maus, estão, por enquanto, enfermos ou dominados por adversários desencarnados que se comprazem em manter o desconhecimento da verdade na Terra, de modo que possam manipular as criaturas ignorantes a seu bel e ignóbil prazer.

COMPRAZER deleitar-se; autossatisfazer-se

IGNÓBIL que não é nobre, de caráter vil, baixo

INSÍDIA
intriga; cilada

MALQUERENÇA
inimizade, hostili-
dade, malquerer

Retribui-lhes a insídia e a malquerença pela simpatia e pela compaixão, por constatares quanto se encontram distantes dos objetivos nobres da existência corporal.

Eles, certamente, gostariam de encontrar-se onde te veem, mas ainda não têm a coragem de realizar o autoenfrentamento, desnudando-se das aparências enganosas para procederem ao trabalho de identificação com a vida real.

As tuas conquistas espirituais proporcionam-te saúde integral e, por isso, desfrutas de bem-estar, mesmo quando as ocorrências menos agradáveis surpreendem-te no curso terrestre.

INDOLÊNCIA
indiferença; preguiça

VEREDA caminho
estreito; direção

Esse conhecimento dinâmico proporciona-te forças para que rompas a couraça da indolência e do conformismo doentios. Ele concede-te a sede de mais saber, de conquistares o infinito, sem que se te faça necessário abandonar a vereda por onde segues.

TORPE
que contraria ou fere
os bons costumes, a
decência, a moral

EGOTISMO apreço
exagerado pela pró-
pria personalidade

Nunca te perturbes ante a agressão dos indiferentes, dos torpes, dos viciados e escravos do egotismo. Eles ainda não têm capacidade para sair dos limites que se impuseram, o que lhes facilitaria estar ao teu lado, em consequência, não admitem que estejas melhor do que eles.

Desejam-te desaires e desditas, sofrendo, porque te veem feliz e combativo no bem.

DESAIRE revés da
fortuna; derrota

DESDITA
infortúnio, desgraça

Em razão disso, amesquinham-se mais e aumentam o cerco em torno dos teus afazeres, utilizando-se de todos os recursos de que dispõem, que são trevas...

Mantém a tua luz de amor acesa no velador das aspirações elevadas e ela diluirá toda a sombra que tente envolver-te.

•

Quanto mais perseguido, mais amoroso apresentava-se Jesus.

Enquanto esteve discretamente no Seu ofício em Nazaré, ninguém Lhe conferia valor, importância.

Quando, porém, desvelou-se, apresentando-se como o excelente Filho de Deus, o Messias, mudando os rumos da humanidade, a perseguição rude, oculta e pública surgiu, tentando interromper-Lhe a jornada.

Foi nesse período que Ele mais se agigantou, vivendo a imortalidade em que todos nos encontramos mergulhados, embalando a humanidade sofrida com as canções sublimes do *reino dos céus*.

Toma-o como exemplo, e faze-te cidadão universal, sem discriminação de nenhuma natureza, nem infeliz comportamento de superioridade, parecido com todos, mas não a esses igual...

•••

NUNCA TE PERTURBES ANTE A AGRESSÃO DOS INDIFERENTES, DOS TORPES, DOS VICIADOS E ESCRAVOS DO EGOTISMO. ELES AINDA NÃO TÊM CAPACIDADE PARA SAIR DOS LIMITES QUE SE IMPUSERAM, O QUE LHES FACILITARIA ESTAR AO TEU LADO, EM CONSEQUÊNCIA, NÃO ADMITEM QUE ESTEJAS MELHOR DO QUE ELES. MANTÉM A TUA LUZ DE AMOR ACESA NO VELADOR DAS ASPIRAÇÕES ELEVADAS E ELA DILUIRÁ TODA A SOMBRA QUE TENTE ENVOLVER-TE.

ANENCEFALIA

21

NADA NO UNIVERSO OCORRE COMO FENÔMENO caótico, resultado de alguma desordem que nele predomine. O que parece casual, destrutivo, é sempre efeito de uma programação transcendente, que objetiva a ordem, a harmonia.

De igual maneira, nos destinos humanos sempre vige a *lei de causa e efeito*, como responsável legítima por todas as ocorrências, por mais diversificadas se apresentem.

O Espírito progride através das experiências que lhe facultam desenvolver o conhecimento intelectual enquanto lapida as impurezas morais primitivas, transformando-as em emoções relevantes e libertadoras.

Agindo sob o impacto das tendências que nele jazem, fruto que são de vivências anteriores, elabora inconscientemente o programa a que se deve submeter na sucessão do tempo futuro.

Harmonia emocional, equilíbrio mental, saúde orgânica ou o seu inverso, em forma de transtornos de vária denominação, fazem-se ocorrência natural dessa elaborada e transata proposta evolutiva.

Todos experimentam, inevitavelmente, as consequências dos seus pensamentos, que são responsáveis pelas suas manifestações verbais e realizações exteriores.

Sentindo intimamente a presença de Deus, a convivência social e as imposições educacionais, criam condicionamentos que,

TRANSCENDENTE superior, sublime; que excede a natureza física

VIGER estar em vigor; ter eficácia, vigorar

JAZER encontrar-se; permanecer

TRANSATO passado, antecedente

infelizmente, em incontáveis indivíduos dão lugar às dúvidas atrozes em torno da sua origem espiritual, da sua imortalidade.

Mesmo quando se vincula a alguma doutrina religiosa, com as exceções compreensíveis, o comportamento moral permanece materialista, utilitarista, atado às paixões defluentes do egotismo.

Não fosse assim, e decerto muitos benefícios adviriam da convicção espiritual, que sempre define as condutas saudáveis, por constituírem motivos de elevação, defluentes do dever e da razão.

Na falta desse equilíbrio, adota-se atitude de rebeldia, quando não se encontra satisfeito com a sucessão dos acontecimentos tidos como frustrantes, perturbadores, infelizes...

Desequipado de conteúdos superiores que proporcionam a autoconfiança, o otimismo, a esperança, essa revolta, estimulada pelo primarismo que ainda jaz no ser, trabalhando em favor do egoísmo, sempre transfere a responsabilidade dos sofrimentos, dos insucessos momentâneos, aos outros, às circunstâncias ditas aziagas, que consideram injustas, e, dominados pelo desespero, fogem por meio de mecanismos derrotistas e infelizes que mais o degradam, dentre os quais o nefando suicídio.

Na imensa gama de instrumentos utilizados para o autocídio, o que é praticado por armas de fogo ou mediante quedas espetaculares de edifícios, de abismos, desarticula o cérebro físico e praticamente o aniquila...

Não ficariam aí, porém, os danos perpetrados, alcançando os delicados *tecidos* do corpo perispiritual, que se encarregará de compor os futuros aparelhos materiais para o prosseguimento da jornada de evolução.

·

UTILITARISTA relativo ao ou próprio do utilitarismo (teoria que considera a boa ação ou a boa regra de conduta caracterizáveis pela utilidade e pelo prazer que podem proporcionar)

DEFLUENTE que se origina; decorrente

EGOTISMO apreço exagerado pela própria personalidade

PRIMARISMO caráter do que é rudimentar, primitivo; caráter do que é limitado, estreito

AZIAGO em que há infelicidade, desventura; desafortunado

NEFANDO abominável, execrável

AUTOCÍDIO suicídio

É inevitável o renascimento daquele que assim buscou a extinção da vida portando degenerescências físicas e mentais, particularmente a anencefalia.

Muitos desses assim considerados, no entanto, não são totalmente destituídos do órgão cerebral.

Há, desse modo, anencéfalos e *anencéfalos*.

Expressivo número de *anencéfalos* preserva o cérebro primitivo ou reptiliano, o diencéfalo e as raízes do núcleo neural que se vincula ao sistema nervoso central...

Necessitam viver no corpo, mesmo que a fatalidade da morte, após o renascimento, reconduza-os ao mundo espiritual.

Interromper-lhes o desenvolvimento no útero materno é crime hediondo em relação à vida. Têm vida sim, embora em padrões diferentes dos considerados normais pelo conhecimento genético atual...

Não se trata de *coisas* conduzidas interiormente pela mulher, mas de filhos, que não puderam concluir a formação orgânica total, pois que são resultado da concepção, da união do espermatozoide com o óvulo.

Faltou na gestante o ácido fólico, que se tornou um dos responsáveis pela ocorrência terrível.

Sucede, porém, que a genitora igualmente não é vítima de injustiça divina ou da espúria lei do acaso, pois que foi corresponsável pelo suicídio daquele Espírito que agora a busca para juntos conseguirem o inadiável processo de reparação do crime, de recuperação da paz e do equilíbrio antes destruído.

Quando as legislações desvairam e descriminam o aborto do anencéfalo, facilitando a sua aplicação, a sociedade caminha, a passos largos, para a legitimação de todas as formas cruéis de abortamento.

... E quando a humanidade mata o feto, prepara-se para outros hediondos crimes que a cultura, a ética e a civilização já

DEGENERESCÊNCIA degeneração: perda ou alteração (no ser vivo) das qualidades de sua espécie

ANENCEFALIA deformação fetal que se caracteriza pela ausência total ou parcial do encéfalo (conjunto do tronco cerebral, cerebelo e cérebro)

ANENCÉFALO aquele que apresenta anencefalia

HEDIONDO horrível; pavoroso, repulsivo

ESPÚRIO falso

DESVAIRAR perder o uso da razão

AÇODAR
incitar, instigar

MÓRBIDO
doentio; perverso

ETNIA coletividade de indivíduos que se diferencia por sua especificidade sociocultural, refletida principalmente na língua, religião e maneiras de agir

MORBIDEZ estado ou condição doentia; abatimento físico e/ou psíquico; ausência de vigor, de força

EUGÊNICO relativo a eugenia (teoria que busca produzir uma seleção nas coletividades humanas, baseada em leis genéticas)

ESPARTANO relativo a Esparta (Grécia)

IDIOTIA nomenclatura antiga para o retardo mental grave: aquele em que a idade mental do indivíduo corresponde à de uma criança de menos de três anos

HEBEFRENIA forma de esquizofrenia que surge na puberdade, com incoerência na fala e nas atitudes, comportamento tolo ou inapropriado

deveriam haver eliminado no vasto processo de crescimento intelecto-moral.

Todos os recentes governos ditatoriais e arbitrários iniciaram as suas dominações extravagantes e terríveis tornando o aborto legal, e culminando, na sucessão do tempo, com os campos de extermínio de vidas sob o açodar dos mórbidos preconceitos de raça, de etnia, de religião, de política, de sociedade...

A morbidez atinge, desse modo, o clímax, quando a vida é desvalorizada e o ser humano torna-se descartável.

As loucuras eugênicas, em busca de seres humanos perfeitos, respondem por crueldades inimagináveis, desde as crianças que eram assassinadas quando nasciam com qualquer tipo de imperfeição, não servindo para as guerras, na cultura espartana, como as que ainda são atiradas aos rios, por portarem deficiências, para morrer por afogamento, em algumas tribos primitivas.

Qual, porém, a diferença entre a atitude da civilização grega e o primarismo selvagem desses clãs e a moderna conduta em relação ao anencéfalo?

O processo de evolução, no entanto, é inevitável, e os criminosos legais de hoje recomeçarão, no futuro, em novas experiências reencarnacionistas, sofrendo a frieza do comportamento, aprendendo através do sofrimento a respeitar a vida...

•

Compadece-te e ama o filhinho que se encontra no teu ventre, suplicando-te sem palavras a oportunidade de redimir-se.

Considera que se ele houvesse nascido bem formado e normal, apresentando depois algum problema de idiotia, de hebefrenia, de degenerescência, perdendo as funções intelectivas, motoras ou de outra natureza, como acontece amiúde, se também o matarias?

Se exercitares o aborto do anencéfalo hoje, amanhã pedirás também a eliminação legal do filhinho limitado, poupando-te o sofrimento como se alega no caso da anencefalia.

Aprende a viver dignamente agora, para que o teu seja um amanhã de bênçãos e de felicidade.

•••

AMIÚDE
repetidas vezes, com frequência

QUANDO AS LEGISLAÇÕES DESVAIRAM E DESCRIMINAM O ABORTO DO ANENCÉFALO, FACILITANDO A SUA APLICAÇÃO, A SOCIEDADE CAMINHA, A PASSOS LARGOS, PARA A LEGITIMAÇÃO DE TODAS AS FORMAS CRUÉIS DE ABORTAMENTO. ... E QUANDO A HUMANIDADE MATA O FETO, PREPARA-SE PARA OUTROS HEDIONDOS CRIMES. COMPADECE-TE E AMA O FILHINHO QUE SE ENCONTRA NO TEU VENTRE, SUPLICANDO-TE SEM PALAVRAS A OPORTUNIDADE DE REDIMIR-SE.

REFLEXÕES
de ATUALIDADE

22

NTE O **DESVARIO** QUE TOMA CONTA DA SOCIE-
dade, sentes aturdimento, considerando a dificuldade que
se apresenta para a renovação social proposta pelo evangelho
de Jesus e de que o espiritismo se faz o grande vanguardeiro.

São assustadores os índices da violência e da criminalidade
em geral, assim como ameaçadora a onda de perversão moral
e de perda de sentido psicológico nos mais diversos segmentos
da sociedade contemporânea.

Os vícios adquirem cidadania e os interesses subalternos
dominam os mais variados grupos humanos, que se fazem
adoradores do poder e do prazer, distantes, cada vez mais, das
responsabilidades éticas e dos compromissos morais.

A descrença na imortalidade e o descaso pelos valores espirituais são surpreendentes, mesmo naqueles que se vinculam a
algumas doutrinas religiosas. Acima de todas as questões têm
primazia o jogo hedonista e o destaque do ego, com todas as
suas mazelas, atando os indivíduos à insensatez, às disputas
sanguinárias.

O ser humano vale menos cada dia que passa, apresentando-se descartável, da mesma forma que sem nenhum significado apresentam-se os deveres que elevam os grupos sociais
e os dignificam.

DESVARIO
loucura

CONTEMPORÂNEO
que é do tempo atual

HEDONISTA
partidário do
hedonismo (busca
incessante do prazer
como opção de vida)

EGO centro da
consciência; é parte
da identidade do
indivíduo, responsá-
vel pela relação com
o mundo exterior
e pela busca das
necessidades do ser

Não são poucos aqueles que se sentem atraídos pela revelação dos Espíritos e aderem momentaneamente às instituições de estudos e de convivência fraternal.

Acostumados, porém, aos comportamentos ancestrais, preservam os hábitos infelizes e, em vez de superarem os limites da mesquinhez, das incongruências da conduta infantil, cultivam os mexericos, a presunção, o melindre, espraiando as mazelas na grei e pondo, não raro, a perder respeitáveis edificações do bem, que não lhes resistem à perversidade emocional.

Logo se familiarizam com o ambiente e as pessoas, passam a apontar erros em todos, lamentando decepcionar-se com os demais, aos quais transferem os relevantes compromissos da boa conduta, eximindo-se de conduzir-se conforme lhes exigem.

Discutem os temas elevados do pensamento do Cristo e mantêm-se nos costumes mórbidos que trouxeram, sem a renovação indispensável à própria paz, que postergam, mais preocupados com o próximo, que fiscalizam e anatematizam, do que com o seu próprio processo de evolução.

Fazem-se agressivos, apresentam-se sempre indispostos e rudes, utilizando-se, muitas vezes, dos pobres para promoção do ego, assumindo posições de salvadores, sem o mínimo sentimento de fraternidade e de compaixão.

Os espetáculos da vulgaridade substituem os cenários da alegria pura e da naturalidade, que cedem lugar aos acepipes da luxúria e dos atentados ao pudor, com anedotário chulo e de sentido duplo.

... E o alucinante desejo de ter mais, de enriquecer, de destacar-se na comunidade toma o lugar das virtudes esquecidas da humildade, da pureza de coração.

Assim sendo, para onde caminha a atual humanidade!?

•

ESPRAIAR irradiar, lançar para todos os lados; propagar

GREI comunidade; sociedade

MÓRBIDO doentio; perverso

ANATEMATIZAR condenar com anátema (pena que exclui uma pessoa do convívio de uma comunidade religiosa); reprovar com veemência; amaldiçoar

ACEPIPE aperitivo; petisco

ANEDOTÁRIO coletânea de piadas

RECALCITRAR resistir; rebelar-se; opor resistência

PRIMARISMO caráter do que é rudimentar, primitivo; caráter do que é limitado, estreito

Nunca esqueças, porém, que o condutor do planeta vela e tem planos especiais para todas as contingências e emergências.

Por mais recalcitre a criatura humana, elegendo o primarismo, a lei de progresso é irrefragável e a todos alcança.

Felizes são aqueles que optam pelas mudanças morais para melhor sem os camartelos do sofrimento, porquanto, exercitando o bem e o amor, além de humanizar-se cada vez mais, rompem as amarras com o primarismo do qual procedem.

À medida que mudam de patamar evolutivo, mais anelo experimentam pelos cimos gloriosos da vida.

O progresso neles segue o cálculo geométrico, e, à proporção que anulam os impulsos perturbadores que afligem, facultam a ampliação dos sentimentos que transcendem as necessidades voluptuosas da matéria.

Não desanimes, portanto, mantendo-te fiel ao teu compromisso e executando-o da melhor forma possível.

A tua parte é muito importante no conjunto geral.

Se te permites a dúvida e a insatisfação por verificares quão distante a humanidade se encontra da meta sublime que é o *reino dos céus*, estarás vitalizando os miasmas pestíferos da desarmonia que vige vigorosa em quase toda parte.

Acende a luz da esperança onde estejas e mantém-te compassivo onde se te faça necessário.

Que o exemplo dos maus não te constitua modelo para o comportamento, porquanto, se assim não o fizeres, estarás acumpliciado com a loucura que grassa abertamente.

Por menor que te consideres, possuis o tesouro da fé que te sustenta a existência e faze-te avançar sem temer, sem aflição.

Muitas vezes sentes-te deslocado no contexto social ou mesmo excluído dele, porque não falas a mesma linguagem, não tens os mesmos hábitos e modismos, apresentando-te algo ultrapassado das exigências ambientais.

IRREFRAGÁVEL que não se pode recusar ou negar; incontestável; irrefutável

CAMARTELO instrumento usado para quebrar, demolir

ANELO desejo intenso

CIMO parte superior; cume; topo

CÁLCULO GEOMÉTRICO progressão geométrica: sucessão em que cada termo se obtém multiplicando um número constante ao precedente; crescimento acelerado

TRANSCENDER ir além dos limites de; superar

VOLUPTUOSO que busca os prazeres dos sentidos

MIASMA exalação fétida

PESTÍFERO que causa dano; nocivo

VIGER estar em vigor; ter eficácia, vigorar

GRASSAR propagar-se; multiplicar-se

PERSONA personalidade que o indivíduo apresenta aos outros como real, mas que, na verdade, é uma variante às vezes muito diferente da verdadeira

UTILITARISTA relativo ao ou próprio do utilitarismo (teoria que considera a boa ação ou a boa regra de conduta caracterizáveis pela utilidade e pelo prazer que podem proporcionar)

APODO zombaria, gracejo; comparação jocosa ou ultrajante

MITO DE LÚCIFER mito da queda dos anjos, que afirma que Lúcifer ("o portador da luz") era o mais belo, sábio e poderoso querubim (anjo da primeira hierarquia); orgulhoso, tentara tomar o poder e se igualar a Deus, então foi exilado dos céus, perdeu o seu brilho e caiu em direção à terra

VOLVER voltar

DERROCADA decadência; ruína; queda

CÉSAR Caio Julio César (13/Jul/100 a.C. – 15/Mar/44 a.C.) foi um nobre, líder militar e político romano

Sem dúvida, é assim mesmo. O cristão verdadeiro tem que ser diferente do indivíduo convencional, no qual a *persona* é mais importante do que a individualidade, o ego é-lhe predominante em detrimento do ser profundo que o deve caracterizar em todos os momentos.

Não usando a máscara que a todos iguala, chama a atenção, quase sempre provocando as reações dos utilitaristas e gozadores, que os cobrem de apodos e de restrições, por se sentirem ofendidos pela diferença que observam.

É perfeitamente compreensível que assim suceda, porque até mesmo para Ele não houve lugar no mundo.

Certamente será instalado, sim, o mundo novo entre as criaturas terrestres, e as providências para que isso aconteça no menor prazo possível vêm sendo tomadas pelos responsáveis pelo programa de renovação ora em andamento.

A reencarnação é o mecanismo inevitável que vem procedendo à seleção que ora se opera, facultando a permanência daqueles que acompanham a marcha do progresso, enquanto os demais, à semelhança do mito de Lúcifer, são transferidos para outras dimensões penosas onde refundirão os sentimentos e, após renovados, volverão à nave mãe.

•

Quem visse o apogeu do império romano, nos seus dias gloriosos, e a pequena grei de discípulos de Jesus, perseguidos e assassinados, jamais imaginaria a derrocada do poder de César ante a simplicidade dos adeptos da nova era.

Tudo ruiu e, da sua incomparável grandeza, restaram os fastos nas páginas da história.

Entretanto, os iludidos discípulos de Jesus rapidamente aderiram ao poder deixado por César e a fé também naufragou.

Agora, porém, ante as luzes do *Consolador*, tudo será diferente: o poder dominante será o do amor sob as bênçãos da caridade.

Assim sendo, confia e segue com Jesus...

•••

FASTOS registros públicos de acontecimentos ou obras notáveis; anais

CONSOLADOR espiritismo, Consolador prometido por Jesus, conforme o relato evangélico de João (14:15–17, 26)

ACENDE A LUZ DA ESPERANÇA ONDE ESTEJAS E MANTÉM-TE COMPASSIVO ONDE SE TE FAÇA NECESSÁRIO. QUE O EXEMPLO DOS MAUS NÃO TE CONSTITUA MODELO PARA O COMPORTAMENTO, PORQUANTO, SE ASSIM NÃO O FIZERES, ESTARÁS ACUMPLICIADO COM A LOUCURA QUE GRASSA ABERTAMENTE. POR MENOR QUE TE CONSIDERES, POSSUIS O TESOURO DA FÉ QUE TE SUSTENTA A EXISTÊNCIA E FAZE-TE AVANÇAR SEM TEMER, SEM AFLIÇÃO.

TROPEÇOS

23

O GRAVE DESAFIO PARA A CRIATURA HUMANA encontra-se no seu mundo íntimo, em forma de conflitos, aspirações, sentimentos controvertidos, necessidades reais e imaginárias.

Desenvolvendo-se através das multifárias reencarnações, amplia inevitavelmente o campo dos ideais, superando, pouco a pouco, a estreiteza do comportamento do qual procede, em extraordinários anelos pela amplitude do entendimento em torno da vida e do universo.

Mesmo atada às situações penosas do primarismo de que se vai libertando, compreende a grandeza e o significado existenciais, buscando a autorrealização embalada pelos sentimentos do amor que ainda se lhe apresentam limitados...

À semelhança da ave implume que deseja voar, sente a necessidade de conquistar o espaço que a fascina e teme no momento diante da impossibilidade de fazê-lo.

Inconscientemente sabe que está destinada à glória solar e anseia por lográ-la, demorando-se, porém, nos asfixiantes limites do ego avassalador que a atormenta.

A *persona* que tem afivelada à face, objetivando conseguir lugar de destaque no concerto social, preocupa-se apenas em imitar os triunfadores de ocasião, vivenciando modelos

---

MULTIFÁRIO
que se apresenta variado, de muitos modos e maneiras

ANELO
desejo intenso

PRIMARISMO
caráter do que é rudimentar, primitivo; caráter do que é limitado, estreito

IMPLUME
que ainda não possui penas ou plumas

LOGRAR
alcançar, conseguir

EGO centro da consciência; é parte da identidade do indivíduo, responsável pela relação com o mundo exterior e pela busca das necessidades do ser

PERSONA
personalidade que o indivíduo apresenta aos outros como real, mas que, na verdade, é uma variante às vezes muito diferente da verdadeira

EFÊMERO breve

portadores de efêmera projeção, em contínuas mudanças que aturdem, distanciando-se da realidade imortalista.

Enquanto assim procede, no jogo ilusório dos prazeres sem profundidade emocional, o Espírito que é tem dificuldade de empenhar-se na solução dos problemas de alto significado, quais sejam: a transformação moral para melhor, a ascensão pela conquista de patamares existenciais mais significativos, o desenvolvimento mental e a dedicação ao ministério da legítima fraternidade.

A caminhada terrestre é um processo de aprendizagem enriquecedora pelo propiciar de bênçãos que se convertem em harmonia íntima e compreensão dos significados propostos pela reencarnação.

Nada obstante os impositivos que dizem respeito à preservação da vida e à sua manutenção, mediante o trabalho digno, às vezes desgastante, a mente deve estar sempre fixada nos valores transcendentais, harmonizando os deveres imediatos da sobrevivência material com aqueles que dizem respeito à sua fatalidade transcendental.

TRANSCENDENTAL superior, sublime; que excede a natureza física

A azáfama diária não pode constituir razão única das lutas evolutivas, mas um meio para ser alcançado o objetivo de ordem espiritual.

AZÁFAMA grande atividade e confusão; atropelo

É nesse afã, quando o ser resolve-se pela vivência iluminativa, que surgem os tropeços em tentativas de impedimentos para a conquista visualizada em forma de plenitude.

AFÃ trabalho intenso

Vivendo-se em uma cultura social imediatista e utilitarista, os significados espirituais e morais são tidos como de pequena ou nenhuma relevância, deixados em plano secundário para quando a morte se aproximar ou a dor se apresentar como modeladora de novos sentimentos.

UTILITARISTA relativo ao ou próprio do utilitarismo (teoria que considera a boa ação ou a boa regra de conduta caracterizáveis pela utilidade e pelo prazer que podem proporcionar)

A juventude e, às vezes, a idade adulta são aplicadas no atendimento das vacuidades, sendo-se surpreendido pelos

VACUIDADE ausência de valor

impositivos inevitáveis da realidade, do passar do tempo e das oportunidades perdidas...

Remorso, revolta, desconforto interior assomam, então, e afligem demasiadamente, na condição de efeitos naturais dos comportamentos insanos.

ASSOMAR aparecer, surgir; mostrar--se, manifestar-se

•

O ser humano tem necessidade imperiosa de realizar o autoencontro, procurando *desmascarar-se*, vivendo a sua realidade, sem o tormento da imitação daqueles que lhe parecem felizes, mas nem sempre o são.

Há muito equívoco no mundo.

Aparência e realidade são manifestações diferentes da vida.

A necessidade da fusão do ego e sua manifestação externa no *si-mesmo* faz-se inadiável.

SI-MESMO *self*: indivíduo, tal como se revela e se conhece, representado em sua própria consciência

Somente nesse esforço é possível compreender-se o significado da existência carnal e os recursos de que se pode dispor para alcançá-lo.

Alguns singelos exercícios podem auxiliar eficazmente na luta contra os tropeços.

O silêncio periódico torna-se elemento de vital importância para a conquista dos tesouros íntimos. Mediante a quietação interna, o tumulto pernicioso cede lugar à lucidez para a análise indispensável em torno do que se é, daquilo que se torna necessário para o êxito, assim como dos significados existenciais.

O despojamento das cargas aflitivas é outro recurso inestimável, por ensejar a valorização do que realmente tem sentido diante daquilo a que se atribui qualidade e significação.

O ser humano envolve-se demasiadamente com as coisas, as situações e o que denomina como valores imprescindíveis à sua realização.

BÁRATRO abismo, despenhadeiro

Perdido no báratro da insensatez e do consumismo, acumulando lixo de luxo, aferra-se aos interesses que os preservam, distanciando-se dos reais objetivos da jornada.

Sem se dar conta, o tempo transcorre no seu carro de horas, e, quando mergulha no imo, descobre-se vazio, destituído de sustentação moral e emocional para os enfrentamentos com a consciência, com o porvir...

IMO âmago, íntimo

Em momentos de tal natureza, surgem os transtornos depressivos, em que os medos e inseguranças assenhoreiam-se-lhe com vigor e o desconsertam.

Os períodos iniciais da existência física são os modeladores da fase de desgaste orgânico, quando a maturidade e a velhice são alcançadas, induzindo a reflexões inevitáveis.

De igual maneira, durante as fases iniciais da existência de aprendizado e de educação dos hábitos espirituais de natureza superior, os esforços para superar os tropeços produzem inefável bem-estar e imensa alegria de viver.

INEFÁVEL que não se pode descrever em razão de sua natureza, força, beleza; indescritível

Conciliando-se o ser exterior com a sua realidade, o transcurso da existência torna-se compensador pelas satisfações que defluem das conquistas logradas.

DEFLUIR provir; originar-se

Os sentimentos e as ansiedades acalmam-se, proporcionando a tranquilidade que se faz estímulo para contínuas ascensões no rumo da imortalidade.

LOGRADO conquistado, alcançado

Desaparecem os conflitos que urdem desequilíbrios e atormentam o ser, reduzindo-lhe as possibilidades de uma existência iluminada.

•

Por que, na vida de todos os trabalhadores do bem, os tropeços surgem desafiadores?

Porque ainda vive-se na Terra o período das provas e das expiações, no qual predominam as ilusões e os encantamentos da irresponsabilidade.

À medida, porém, que são vencidos, desde os pequenos impedimentos num crescendo inevitável, as resistências do lutador tornam-se vigorosas e a sabedoria que nele se instala concede-lhe as técnicas para ultrapassar tudo aquilo que lhe constitua obstáculo no processo da vitória sobre si mesmo.

•••

> O SER HUMANO TEM NECESSIDADE IMPERIOSA DE REALIZAR O AUTOENCONTRO, PROCURANDO *DESMASCARAR-SE*, VIVENDO A SUA REALIDADE, SEM O TORMENTO DA IMITAÇÃO DAQUELES QUE LHE PARECEM FELIZES, MAS NEM SEMPRE O SÃO. HÁ MUITO EQUÍVOCO NO MUNDO. APARÊNCIA E REALIDADE SÃO MANIFESTAÇÕES DIFERENTES DA VIDA.

RELACIONAMENTOS AFETIVOS

24

O INSTINTO GREGÁRIO QUE PREDOMINA EM TOdos os animais e especialmente no ser humano, que nasceu para viver em grupo, constituindo greis e a própria humanidade, condu-lo inevitavelmente aos relacionamentos que fazem parte da sua existência.

A caminhada de ascensão em isolamento é uma agressão ao processo evolutivo, assinalada por sofrimentos desnecessários.

Certamente há casos em que a solidão conduz às reflexões profundas, servindo de *pano de fundo* para os registros superiores da vida.

O afastamento da sociedade, porém, sob o pretexto de servir a Deus, sem dúvida representa uma fuga, talvez inconsciente, dos relacionamentos responsáveis pelas experiências da convivência, da solidariedade, em tentativa de se evitar conflitos e desgastes normais em todas as expressões de vivência com outrem.

A proposta de sabedoria apresentada por Jesus diz respeito ao amor ao próximo como fundamental para o salto emocional glorioso para o amor a Deus.

O desenvolvimento da afetividade é impositivo natural do processo de elevação do Espírito.

Manifesta-se, invariavelmente, no início, através dos impulsos da libido, como decorrência do instinto, sendo responsável

GREGÁRIO que tende a viver em comunidade; sociável

GREI comunidade; sociedade

LIBIDO desejo sexual

pela multiplicação da espécie. À medida, porém, que o ser humano mais se eleva, torna-se de maior complexidade, culminando na abnegação, na renúncia, no sacrifício até mesmo da própria existência.

As criaturas necessitam de relacionamentos afetivos, mesmo nos reinos iniciais da evolução...

Dessa maneira, desde a eleição pura e simples dos parceiros, nos períodos primários em que havia a predominância dos caprichos masculinos, a união sexual constituía uma das razões fundamentais para o bem-estar dos grupamentos sociais.

Lentamente, em razão do processo de discernimento emocional e do surgimento dos princípios éticos e morais, buscando-se equilibrar as funções do sexo distante da promiscuidade e dos relacionamentos múltiplos, surgiu a monogamia como sendo um estágio no qual o sentimento de amor passou a predominar, em detrimento dos impulsos desordenados da libido.

A disciplina sexual tornou-se elemento significativo no processo de equilíbrio comportamental e espiritual da criatura humana.

Com essa conquista, a família passou a ser indispensável fator de socialização da criatura terrestre.

Mesmo quando ainda predominava nos relacionamentos o egoísmo, a família abria o leque da afetividade distribuída com todos os seus membros.

A união, portanto, dos parceiros tornou-se uma necessidade defluente do progresso social, no entanto, porque a cultura vigente ainda se apresentasse asselvajada, a mulher tornou-se vítima das paixões sórdidas, foi situada em plano inferior, sendo-lhe impostas penalidades perversas, quando cometendo qualquer equívoco que desagradasse o parceiro caprichoso.

A *culpa* que lhe foi imposta pelo mito da Criação, tornando-a responsável pela defecção do homem no paraíso, fê-la

---

DEFLUENTE que se origina; decorrente

VIGENTE que está em vigor; que vigora; que vige

ASSELVAJADO com aparência e/ou modos selvagens; rude; grosseiro, brutal

SÓRDIDO indigno, vergonhoso

DEFECÇÃO abandono voluntário e consciente de uma obrigação ou compromisso; deserção

inferior e, portanto, subalterna, amada, mas relegada a plano de significação secundária.

Graças à evolução do pensamento filosófico, psicológico e sociológico, lentamente a mulher conquistou o seu lugar de relevância no relacionamento afetivo, na construção e condução da família, facultando-lhe os mesmos direitos que são concedidos ao homem.

A liberdade anelada pela mulher, depois das humilhações milenárias e da submissão absurda através dos tempos, terminou por ser adquirida, correndo o perigo porém, na atualidade, em resvalamento na libertinagem que infelizmente a espreita...

ANELAR desejar intensamente

ESPREITAR procurar, esperar, aguardar ocasião

•

Os relacionamentos afetivos são de alta significação no processo de crescimento do ser humano, que busca a fraternidade universal por impositivo do progresso infindo ao qual se encontra submetido.

Enquanto viceja o vício mental em torno do relacionamento egoico e pessoal, certamente a relação afetiva está condenada ao fracasso.

VICEJAR manifestar-se com força e abundância

EGOICO referente a ou próprio do ego

Existem uniões que são programadas no mundo espiritual, antes do mergulho carnal, quando os futuros parceiros se comprometem a estar juntos, contribuindo para o bem-estar da humanidade.

Parcerias, no entanto, na maioria das vezes, resultam de interesses imediatistas, de sensações de prazer, de necessidades biológicas e emocionais, sem compromissos de responsabilidade.

Em casos dessa natureza, são rápidas e frustrantes, porque cada um dos membros está mais interessado em si mesmo do que no outro, o que produz lamentáveis transtornos emocionais e sociais.

Quando se trata de pessoas psicologicamente maduras e responsáveis, o amor predomina na busca do parceiro, que é eleito em razão dos seus valores internos, portanto pela sintonia de ordem espiritual, constituindo os relacionamentos felizes.

Nesses casos, os valores éticos predominam e ajudam a superar as dificuldades normais no entendimento entre aqueles que se unem, sem que percam as suas características, mas também sem que imponham ao outro somente aquilo que lhes convém.

Quando assim ocorre, a família estrutura-se em bases seguras de respeito e de amizade entre todos os seus membros, tornando-se paradigma de sustentação do grupamento social.

Havendo ou não firmados compromissos legais ou religiosos em torno da união, o que prevalece é sempre o amor.

Quando o amor não floresce nos sentimentos e nas mentes, a jornada é áspera e rica de acidentes perturbadores, os relacionamentos são breves e tumultuados, porque o prazer do sexo logo passa, e novos interesses instalam-se nos indivíduos que são descomprometidos com os valores emocionais do outro.

Desse modo, todo e qualquer relacionamento afetivo que mantém dois indivíduos em união é credor do maior respeito, por ensejar a harmonia de ambos os parceiros que se sentem compensados pelas sensações do prazer e sobretudo pelas elevadas emoções da afetividade.

O afeto vincula as criaturas, umas às outras, permitindo também o intercâmbio de *hormônios psíquicos*, realmente responsáveis pela harmonia e saúde integral de todos os seres humanos.

Nessas uniões felizes sempre há a preocupação de repartir júbilos com o outro, assim como compartir as alegrias daqueles defluentes.

•

PARADIGMA um exemplo que serve como modelo; padrão

JÚBILO intensa alegria, grande contentamento

COMPARTIR compartilhar

Quando buscares parcerias afetivas, recorda-te sempre de contribuir em favor de quem eleges para companhia, considerando que não tens o direito de ferir os sentimentos do teu próximo, de quem se te afeiçoa e confia, entregando-se em regime de totalidade.

O uso que fizeres da tua afetividade construirá o teu futuro de bênçãos ou de solidão, mesmo que acompanhado, num tormentoso *vazio existencial*, que tipifica a sociedade contemporânea.

CONTEMPORÂNEO
que é do tempo atual

A união dos sexos sob as luminosas bênçãos do amor é o sublime instituto no qual se edifica a família, síntese essencial da grande humanidade.

•••

QUANDO O AMOR
NÃO FLORESCE
NOS SENTIMENTOS
E NAS MENTES, A JORNADA
É ÁSPERA E RICA
DE ACIDENTES
PERTURBADORES,
OS RELACIONAMENTOS SÃO
BREVES E TUMULTUADOS,
PORQUE O PRAZER DO SEXO
LOGO PASSA, E NOVOS
INTERESSES INSTALAM-SE
NOS INDIVÍDUOS QUE SÃO
DESCOMPROMETIDOS
COM OS VALORES
EMOCIONAIS DO OUTRO.
O USO QUE FIZERES DA TUA
AFETIVIDADE CONSTRUIRÁ
O TEU FUTURO DE BÊNÇÃOS
OU DE SOLIDÃO.

SIMPLICIDADE
e PUREZA *de* CORAÇÃO

25

TODA A DOUTRINA DE JESUS É FORMULADA COM simplicidade e com amor.

A renúncia aos bens terrenos constitui-lhe um dos fundamentos básicos, ao lado da transformação moral do indivíduo para melhor, tornando-se um exemplo de fraternidade e de honradez.

O instinto, porém, de preservação da vida humana, iludindo as pessoas frágeis de sentimentos afetivos, impõe fixação nos valores materiais, como providência de segurança, muitas vezes a prejuízo da renovação interior e da libertação das paixões primárias.

Em consequência, desaparecem a *simplicidade e a pureza de coração*, que podem significar a irrestrita confiança em Deus e na Sua misericórdia, que providenciam a beleza dos lírios e o alimento das aves, assim como de todos os seres vivos...

A simplicidade faz-se muito difícil de ser mantida, e em algumas circunstâncias é mascarada por símbolos de significados ambíguos, envolvendo o ser humano em complexidades que somente o atormentam, desviando-o do foco essencial que é a humildade real.

A pureza de coração não raro é tisnada pela suspeita, pela insegurança pessoal diante da existência.

TISNADO queimado; enegrecido

PARÁBOLA narrativa sob forma figurada que evoca valores de ordem superior, encerra lições de vida e contém preceitos morais ou religiosos

DRACMA moeda de prata da Grécia antiga

PARTITURA registro escrito que mostra a totalidade das partes de uma composição musical

CÉSAR Caio Julio César (13/Jul/100 a.C. – 15/Mar/44 a.C.) foi um nobre, líder militar e político romano

TEOLOGIA conjunto dos princípios de uma religião

ERUDITO que tem ou revela instrução, conhecimento ou cultura variada, adquiridos especialmente por meio da leitura

FARISAICO relativo a fariseu (grupo religioso judaico, surgido no séc. II a.C., que vivia na estrita observância das escrituras religiosas e da tradição oral, comportando-se de maneira formalista e hipócrita)

Esses fenômenos aconteceram com a mensagem do Mestre, que se utilizou das mais simples imagens para deixar permanentes os Seus ensinamentos, como se pode observar na riqueza das parábolas do semeador e das sementes, das virgens loucas e das prudentes, do bom samaritano, do filho pródigo, da figueira infrutífera, das redes e dos peixes, das dracmas, do banquete de núpcias, de igual maneira tudo aquilo que constituía o dia a dia dos seres humanos do Seu e de todos os tempos.

Suas palavras, bordadas de poesia e musicadas pela partitura dos Seus exemplos, como no *sermão das bem-aventuranças*, no *sermão profético*, no *dai a César o que é de César e a Deus o que é de Deus*, no diálogo com *Nicodemos*, nas lições sobre a *oração e a vigilância*, os *falsos profetas*, dentre as outras muitas, eram as que todos podiam entender, de que se utilizavam e entreteciam os relacionamentos.

Lentamente foram transformadas em complexa teologia de significados difíceis, complicados, que somente os eruditos podem entender, mas nem sempre põem em prática, gerando problemas para as massas, os necessitados, os aflitos, os ignorantes, para os quais Ele viera...

Os Seus feitos receberam adornos desnecessários, dando lugar a rituais embaraçosos, que exigem treinamento e são repetitivos, monótonos, bonitos para os olhos e vazios de conteúdo para os sentimentos profundos, incapazes de sanear o íntimo dos que os buscam entre tormentos e ansiedades inomináveis.

Sempre convivendo com os sofredores e os desprezados pelo mundo, Ele foi censurado pela hipocrisia farisaica e pelo hedonismo dos dominadores, dando lugar a condutas extravagantes na condição de príncipes e de reis, de etiquetas e de privilégios, distantes dos que têm fome e sede de justiça.

Exegeses e leis diplomáticas muito complexas substituíram os Seus relatos e a lei de amor, facultando a predominância da aparência à legitimidade do que é real e próprio, entre aqueles que O dizem representar e as multidões aturdidas, que vivem sem condutores fiéis e devotados que sigam à frente experimentando as dificuldades e aplainando os caminhos que deverão ser percorridos...

E tudo isso em Seu nome!

•

Quando a dominação arbitrária se fez insuportável em plena Idade Média, veio Francisco, Seu servidor devotado, inaugurando em Assis a proposta de renovação, a volta às origens da simplicidade pelo exemplo, e do amor pela dedicação.

O hino desse *Cantor de Deus* comoveu o mundo, e as pessoas faustosas que lhe aderiram ao chamado repetiram a epopeia dos inolvidáveis dias em que Ele conviveu com os Seus... que somos todos nós.

Lentamente, porém, ainda durante aquela vida de abnegação, os amigos frágeis, com saudades da opulência, foram alterando as suas grandiosas lições, deixando-se arrastar pelo intelecto vazio, que justificava a falência dos seus compromissos, conseguindo exaurir o *Trovador*, que emurcheceu de angústia e de aflição no silêncio que se impôs, a fim de evitar a fragmentação do imenso grupo que houvera atraído.

Após a sua morte, exaltaram-lhe o nome, santificaram-no, e alteraram completamente a mensagem que ele trouxera e vivera, enriquecendo os santuários, os monastérios, enquanto os pobres que ele tanto amava passaram a mendigar às suas portas, quando ele então os punha para dentro como membros da família, não excluídos como ainda permanecem...

Chega, então, muitos séculos depois, o *Consolador*, vestindo a mesma filosofia do desapego aos recursos materiais, a atração pela caridade e pela abnegação, havendo Allan Kardec, o Seu novo embaixador, vivido com simplicidade, embora a grande cultura de que era portador, para que a transformação moral para melhor constituísse a meta essencial do ser humano.

HEDONISMO busca incessante do prazer como opção de vida

EXEGESE comentário ou dissertação que tem por objetivo esclarecer ou interpretar minuciosamente um texto ou uma palavra

FAUSTOSO que revela pompa, ostentação

EPOPEIA sucessão de eventos extraordinários, ações gloriosas, retumbantes, capazes de provocar a admiração, a surpresa, a maravilha, a grandiosidade da epopeia (poema épico)

INOLVIDÁVEL inesquecível

EMURCHECER perder o vigor

CONSOLADOR espiritismo, Consolador prometido por Jesus, conforme o relato evangélico de João (14:15–17, 26)

As experiências científicas e as proposições filosóficas do espiritismo conduzem à certeza da imortalidade e da transitoriedade da humana jornada, convocando com segurança à reflexão em torno dos tesouros mais valiosos a serem reunidos e apresentando o amor como solução para todos os desafios existenciais.

Nada obstante, repontam exageros, que procedem do passado espiritual de alguns daqueles que se lhes vinculam aos postulados, aparecem exegetas de ocasião para complicar a simplicidade das palavras da codificação espírita, surgem entusiastas que a declaram superada pelas vaidades e presunção da pobre cultura de que se fazem portadores, predominando, com as exceções compreensíveis, o ego ao invés do ser integral, imortal, que busca a iluminação.

Tem cuidado contigo mesmo, com as tuas ambições e tormentos, que não devem ser mesclados aos conteúdos da doutrina que esposas e que te serve de guia no trânsito carnal.

Bloqueia na mente os *cânticos das sereias* das ilusões do oceano tumultuado em que te debates na frágil barca da fé e navega em direção do porto seguro da autorrealização espiritual, do autoconhecimento, do *reino de Deus* que te fascina...

Se não consegues viver com simplicidade e pureza de coração, e necessitas de trombetas para anunciarem os teus feitos, do aplauso para conceder-te estímulo, dos elogios para atender-te as vaidades, estás completamente fora do caminho, havendo entrado no desvio que a muitos tem levado aos abismos...

Retorna à simplicidade, à pureza e ao encantamento pela mensagem de Jesus hoje desvelada pelo espiritismo e mantém-te saudável na fé sem presunção.

Aqueles que O amam são fáceis de ser identificados na coletividade humana, exatamente por se amarem uns aos outros.

Se há litígios, campeonatos de acusações recíprocas, comentários maldosos, esses que assim procedem estão trabalhando

EXEGETA indivíduo que realiza exegese; comentarista

EGO centro da consciência; é parte da identidade do indivíduo, responsável pela relação com o mundo exterior e pela busca das necessidades do ser

em favor das próprias necessidades emocionais e dos conflitos, longe Daquele que é a solução.

•

Nunca te olvides, portanto, que são *bem-aventurados os que têm puro o coração, porque eles verão a Deus*, assim como aqueles que são *humildes de espírito, porque deles é o reino dos céus*, conforme as anotações de Mateus, no seu capítulo V, versículos 3 e 5.

OLVIDAR esquecer

Desse modo, avança cantando o amor e sorrindo de alegria com a ternura daqueles que são simples e livres de complexidades e de egoísmo, mesmo que desprezado, acusado e combatido, porque o teu compromisso é com Ele...

•••

SE NÃO CONSEGUES VIVER COM SIMPLICIDADE E PUREZA DE CORAÇÃO, E NECESSITAS DE TROMBETAS PARA ANUNCIAREM OS TEUS FEITOS, DO APLAUSO PARA CONCEDER-TE ESTÍMULO, DOS ELOGIOS PARA ATENDER-TE AS VAIDADES, ESTÁS COMPLETAMENTE FORA DO CAMINHO, HAVENDO ENTRADO NO DESVIO QUE A MUITOS TEM LEVADO AOS ABISMOS... RETORNA À SIMPLICIDADE, À PUREZA E AO ENCANTAMENTO PELA MENSAGEM DE JESUS.

ESPINHOS
na JORNADA CRISTÃ

26

O PÂNTANO SILENCIOSO, ÀS VEZES COM ÁGUAS tranquilas, guarda, na sua intimidade, a vaza fétida e venenosa.

A roseira que esplende de belas flores perfumadas cobre as suas hastes com espinhos pontiagudos.

Na aparência, a água destilada e o ácido sulfúrico têm a mesma apresentação.

As plantas carnívoras atraem as suas vítimas exalando suave e doce perfume...

O Sol que aquece a vida e a mantém é portador também dos raios infravermelhos e ultravioleta que danificam o organismo.

Sorrisos de amabilidade também ocultam infames traições e crueldades.

A calúnia, a perversidade, a perseguição nem sempre se apresentam com as características que lhe são peculiares, mantendo-se ocultas nos disfarces da hipocrisia e da desfaçatez.

É natural, portanto, que, na estrada sublime do evangelho, estejam escondidos espinhos que dificultam a marcha do viajor dedicado e tomado pelas emoções superiores.

São eles que testificam os valores de que ele se encontra revestido, pois que, se o seu devotamento não é autêntico, logo foge do compromisso, queixando-se de dificuldades e de sofrimentos.

VAZA lodo

ESPLENDER resplandecer: brilhar; sobressair

INFRAVERMELHO radiação eletromagnética cujo comprimento de onda é inferior ao da radiação visível (luz vermelha) e superior ao das micro-ondas

ULTRAVIOLETA radiação invisível cuja frequência é superior à da luz violeta

DESFAÇATEZ falta de vergonha, de pudor; descaração

Quando alguém elege o serviço de Jesus na Terra, pode ter a certeza de que a incompreensão o segue em pós, a inveja o atinge com as setas da calúnia e da deslealdade, justificando--se de mil maneiras, a fim de ocultarem a face inferior que lhes é peculiar.

Todos aqueles que foram fiéis ao Mestre ao longo dos séculos padeceram as injunções penosas do caminho eleito para O acompanhar.

Não apenas, porém, os servidores da verdade, mas todos os indivíduos que se destacam na comunidade pelos valores de nobreza e de dedicação à causa do bem e do progresso das demais criaturas são convidados ao pagamento pela glória de servir.

A sua caminhada é sempre marcada por dores inconcebíveis, por competições infames e por injunções inacreditáveis, especialmente no meio de quantos deveriam comportar-se de maneira diferente.

Sucede que a Terra é ainda o mundo de provações e ninguém consegue avançar no rumo soberano da Grande Luz sem vencer a sombra exterior, após haver superado a própria sombra interior...

Por essa razão é reduzido o número de pessoas dedicadas à construção da harmonia e da fraternidade, sendo muito mais fáceis e expressivas aquelas que aderem ao comodismo, à indiferença, à acusação indébita, à infâmia, defendendo a sua área de dominação.

Quando se trata de uma revolução positiva e idealista, há uma recusa quase generalizada por parte daqueles que se encontram satisfeitos consigo próprios, com suas alegrias fisiológicas e seus interesses egotistas.

As ideias novas e progressistas incomodam, e, além disso, os invejosos que não são capazes de superar os paladinos

---

EM PÓS no encalço, à procura; após

INJUNÇÃO imposição, exigência, pressão

FISIOLÓGICO relativo a fisiologia (estudo das funções orgânicas e dos processos vitais dos seres vivos)

EGOTISTA que tem excessivo apreço por sua personalidade

PALADINO aquele que defende algo ou alguém com esforço e coragem

dos movimentos renovadores atacam-nos ferozmente, porque gostariam de estar no seu lugar, sem o conseguirem.

•

Sempre encontrarás espinhos sob a areia fina da estrada ou pedrouços no terreno a conquistar.

Desde que te candidatas ao serviço do mestre Jesus, não podes anelar por aquilo que Ele não rejeitou, embora sendo o Eleito de Deus.

Toda a Sua vida esteve sob acusações falsas, perseguições mesquinhas, injunções más, forjadas pelos inimigos da humanidade, que dela somente se beneficiam sem nenhuma contribuição favorável.

Nunca esperes retribuição pelo que faças de dignificante e honorável.

Que te bastem as satisfações e prazeres da ação desempenhada e não os efeitos a que deem lugar.

A tarefa do semeador é distribuir as bênçãos de que se faz instrumento e seguir adiante.

Quanto possível, deves erradicar a erva má que lhes ameace o desenvolvimento, quando na condição de plântulas frágeis, resguardá-las das intempéries e dos inimigos naturais, sem te preocupares contigo.

Igualmente, não guardes nenhum ressentimento em relação àqueles que se divertem com os teus sofrimentos, que se comprazem com as tuas aflições na seara.

Eles também não passarão incólumes, pois que a vereda é a mesma para todos.

Mesmo agora, com sorrisos e esgares, aparentando felicidade, encontram-se enfermos, sofridos, necessitados...

Todos aqueles que se apresentam como privilegiados de hoje serão chamados aos testemunhos amanhã.

Quem hoje sofre avança para as cumeadas da interação com o Pai, através do devotamento e da sinceridade dos seus atos.

PEDROUÇO grande amontoado de pedras

ANELAR desejar intensamente

PLÂNTULA planta recém-nascida

INTEMPÉRIE qualquer fenômeno climático muito acentuado (vento ou chuva fortes; calor ou frio extremos; tempestade, seca, inundação etc.)

COMPRAZER deleitar-se; autossatisfazer-se

SEARA campo; área de atividade

INCÓLUME livre de dano ou perigo; intato, ileso

VEREDA caminho estreito; direção

ESGAR careta de desprezo

CUMEADAS ponto mais intenso, apogeu, ápice

DIATRIBE crítica
severa e áspera

Desse modo, quanto mais diatribes te atirem, mais convicção e segurança adquires em torno da excelência do trabalho ao qual te afervoras.

Teme, porém, quando facilidades e aplausos te acompanharem no serviço. São muito perigosos, porquanto constituem retribuição pelo que foi realizado, ou apenas simulações e hipocrisias, e isso equivale a um tipo de pagamento à vaidade e à presunção.

Desde que trabalhas sob o comando do Mestre, a Ele cabem as bênçãos do futuro da tua cooperação, e a ti a alegria de estares ao Seu lado.

Todos aqueles que O acompanharam, com exceção do *discípulo amado*, provaram os rudes testemunhos, inclusive, o holocausto da própria vida.

HOLOCAUSTO
imolação; sacrifício

Que esperas, por tua vez?!

Resta-te somente servir mais e melhor, consciente de que o teu *grão de mostarda* é também valioso no conjunto da semeadura de luz.

VILIPENDIAR
tratar com desprezo

Alegra-te, pois, quando caluniado, vilipendiado, sem razão atual, porquanto estarás expungindo-os, o que representa uma verdadeira dádiva dos céus.

EXPUNGIR
apagar, eliminar;
limpar; tornar livre

Enquanto alguns estão comprometendo-se, tu caminhas redimindo-te, pouco importando-te com a maneira pela qual isso acontece.

Tem, pois, compaixão dos teus adversários e sê-lhes amigo desconhecido e maltratado.

São poucos os seres humanos que desejam tornar-se amigos, servir, durante a caminhada que lhes é rica de carências, pródiga de diversões e escassa de abnegação.

•

Onde estejas, com quem te encontres, nunca deixes de assinalar a tua presença com a ternura, a misericórdia, a alegria de amar e de servir.

As pegadas mais fortes são aquelas transformadas em luzes que brilham apontando o rumo de segurança.

Caso tenhas coragem, após sofreres os acúleos da estrada, retira-os, a fim de beneficiares todos aqueles que venham depois de ti.

ACÚLEO
espinho; ferrão

Que a tua dor não seja por eles experimentada nem os teus suores de sofrimentos íntimos derramem-se pelas faces dos futuros divulgadores do infinito amor.

•••

> ONDE ESTEJAS, COM QUEM TE ENCONTRES, NUNCA DEIXES DE ASSINALAR A TUA PRESENÇA COM A TERNURA, A MISERICÓRDIA, A ALEGRIA DE AMAR E DE SERVIR. AS PEGADAS MAIS FORTES SÃO AQUELAS TRANSFORMADAS EM LUZES QUE BRILHAM APONTANDO O RUMO DE SEGURANÇA.

FIDELIDADE MEDIÚNICA

27

A FACULDADE MEDIÚNICA, INERENTE A TODAS AS criaturas humanas, é bênção de Deus para facultar a cons-cientização da realidade transcendente da vida.

Aprisionado na matéria e sob as suas fortes injunções, o Espírito sofre os limites que lhe são impostos pelo corpo, ol-vidando-se da própria origem, dos objetivos firmados antes da reencarnação, dos comportamentos que lhe cabem manter, a fim de alcançar o êxito na investidura em que se encontra.

Havendo a predominância da natureza orgânica, os instin-tos e os arquétipos portadores de maior perturbação, diante dos conteúdos de que se revestem, mantêm-se fixados com mais vigor nos tecidos sutis da alma, dificultando a liberação dos arquivos nobres retidos no inconsciente profundo que di-zem respeito à sua imortalidade.

A educação formal no lar e na sociedade nem sempre se fixa nos padrões edificantes da fé religiosa, e muitas vezes, quando ocorre o contrário, as variadas denominações que as diferenciam umas das outras apresentam propostas ilegítimas, vinculadas aos interesses de cada grei, distanciadas do pensamento do Cristo e dos Seus apóstolos que, em todos os tempos, foram unânimes em expressar-Lhe fidelidade, embora com palavras diferentes.

Os impositivos culturais e históricos de cada povo e suas tradições não permitiam a livre expressão dos embaixadores

TRANSCENDENTE superior, subli-me; que excede a natureza física

INJUNÇÃO imposição, exi-gência, pressão

OLVIDAR esquecer

INVESTIDURA encargo

ARQUÉTIPO modelo que funciona como princípio explicativo da realidade material

GREI comunida-de; sociedade

HOLOCAUSTO
imolação; sacrifício

CONSOLADOR espiritismo, Consolador prometido por Jesus, conforme o relato evangélico de João (14:15–17, 26)

MEDIUNIDADE faculdade natural do ser humano, que propicia o intercâmbio entre os planos espiritual e material

CARISMA graça extraordinária e divina concedida a um crente ou grupo de crentes, para o bem da comunidade

PSICOPATOLÓGICO relativo ou pertencente à psicopatologia (ramo da medicina que estuda as modificações do modo de vida, do comportamento e da personalidade de um indivíduo, que se desviam da norma e/ou ocasionam sofrimento e são tidas como expressão de doenças mentais)

TRANSCENDENTAL superior, sublime; que excede a natureza física

INCOERCÍVEL que não se pode impedir

de Jesus que traziam a mensagem de libertação, fazendo adaptar-se aos costumes e conceitos ambientais, sem que perdessem o profundo significado de beleza e de autenticidade...

Assim é que, desde Fo-Hi, na China, passando por Lao-Tsé e Confúcio, com as suas lições de harmonia social e de fidelidade doméstica, a Krishna, a Buda, na Índia, a Moisés e todos os profetas em Israel, a Sócrates, Platão e Aristóteles, na Grécia, com o idealismo do primeiro e as grandiosas confirmações dos demais, as mensagens libertadoras alcançaram as consciências humanas, atingindo o período áureo quando da Sua presença na Terra, e, depois, através dos discípulos que Lhe ofereceram a vida em holocausto...

Posteriormente, não faltaram os embaixadores do Seu verbo divino, convidando à reflexão em torno da sobrevivência ao túmulo, culminando com Allan Kardec, na condição de emissário do *Consolador*, dignificando a mediunidade com as experiências formosas da investigação científica.

A partir de então, a mediunidade deixou o lugar de carisma, dom, privilégio ou de manifestação demoníaca, psicopatológica, excêntrica, para ocupar o seu legítimo significado de faculdade da *alma*, que o corpo reveste de células para a decodificação das energias transcendentais, confirmando a sobrevivência do Espírito à disjunção molecular.

Desde esse momento de altíssima significação psicológica, histórica e humanística, a mediunidade vem facultando a melhor compreensão da existência terrena e da sua finalidade, oferecendo conforto moral a todos quantos acompanharam a partida dos seres queridos na direção do *vale da morte*, e encontravam-se à borda do abismo do desespero, dominados pela incoercível saudade e angústia da separação.

A partir de então, um sopro de esperança passou a percorrer a humanidade, impulsionando-a ao prosseguimento dos deveres, da alegria de continuar na experiência física, fomentando o próprio e o progresso da sociedade.

•

A mediunidade é ponte vibratória entre o mundo físico e o espiritual.

Invariavelmente combatida pelas forças perversas de um e do outro lado da vida, que se comprazem em manter as criaturas humanas na ignorância ou submetidas ao jugo infame da sua crueldade, nos lamentáveis processos de obsessão e de inspirações doentias, a mediunidade é o valioso recurso psicoterapêutico libertador.

O seu exercício torna-se indispensável, mediante o estudo da sua constituição fisiológica, das manifestações de natureza emocional e dos distúrbios nervosos que se apresentam como decorrência das heranças ancestrais de cada pessoa.

Nesse abençoado ministério, a transformação moral do médium para melhor, cada dia lutando contra as próprias imperfeições, é fundamental, por ensejar a presença dos benfeitores espirituais pelo processo natural da sintonia psíquica.

Muitos percalços, no entanto, apresentam-se ao largo da sua vivência.

De um lado, são as teimosas tendências perturbadoras que jazem no indivíduo, aprisionando-o nas paixões infelizes, enquanto que, de outro, são os relacionamentos afetivos, que raramente sabem auxiliar estimulando à humildade, ao serviço, sem nenhum privilégio ou distinção.

Em razão das vivências anteriores, nele permanecem as heranças nem sempre felizes, que dão lugar à animosidade daqueles que se sentiram prejudicados e não se encontram dispostos à bênção do perdão, sitiando-lhe a casa mental e gerando-lhe embaraços de toda ordem, com o objetivo de dificultar-lhe ou mesmo impedir-lhe o exercício saudável da faculdade.

COMPRAZER deleitar-se; autossatisfazer-se

PSICOTERAPÊUTICO referente a psicoterapia (qualquer das várias técnicas de tratamento de doenças e problemas psíquicos)

FISIOLÓGICO relativo a fisiologia (estudo das funções orgânicas e dos processos vitais dos seres vivos)

MÉDIUM indivíduo que atua como intermediário entre os planos espiritual e material

JAZER encontrar-se; permanecer

O conhecimento espírita, no entanto, é-lhe o recurso valioso para contribuir de maneira segura na preservação da serena e irrestrita confiança em Deus, iluminando-o interiormente e proporcionando-lhe a alegria indispensável à existência saudável a serviço do bem.

Não são poucos aqueles que tombam pelo caminho de ascensão, sem forças de soerguer-se, ou que desistem ante os impositivos severos da própria recuperação, iludidos pelas fantasias mundanas e inspirações infelizes.

Quando o medianeiro adquire consciência da sua faculdade e resolve por devotar-se ao mister de servir com Jesus eleva-se, mental e moralmente, sintonizando com os nobres Espíritos que laboram em favor do bem comum e estão encarregados de velar pela sua existência, auxiliando-o no desenvolvimento intelecto-moral.

MISTER trabalho

LABORAR trabalhar; realizar

Qual ocorre em qualquer ministério edificante, aquele que se afervora com dedicação ao mister que abraça, consegue a vitória sobre si mesmo, expandindo-se na ação da bondade que lhe diz respeito realizar.

Nesse caso, a mediunidade é instrumento sublime de consolação, facultando a comprovação da imortalidade do Espírito, confortando todos quantos permanecem na saudade e oferecendo-lhes a esperança com certeza do futuro reencontro feliz.

Ao mesmo tempo, enseja a comunicação dos desencarnados em aflição, que despertam no mais além aflitos pelos desmandos que se permitiram e retornam sedentos de paz e esfaimados de luz.

ESFAIMADO faminto, esfomeado

Feliz é todo aquele que pode transformar a existência em um evangelho de feitos edificantes, assinalando a caminhada com pegadas de amor e de paz, especialmente no exercício da mediunidade luminosa.

Na condição de médium de Deus, Jesus deu o exemplo da máxima fidelidade ao compromisso de desvelá-Lo a todas as criaturas, constituindo-se lição viva de amor e de trabalho na construção da sociedade saudável e ditosa.

Sempre quando te encontres angustiado por qualquer fator que interfira na tua sensibilidade mediúnica, pergunta-te como se comportava Jesus em situações equivalentes e segue-Lhe o exemplo.

Assim agindo, jamais te equivocarás ou padecerás de sofrimentos injustificáveis.

Não olhes, portanto, para trás ou para os lados, seguindo sempre em frente, recordando-te que somente a Ele prestarás contas, por haveres sido por Ele convocado para o Seu rebanho de amor.

• • •

MÉDIUM DE DEUS intérprete, mensageiro de Deus

DITOSO feliz

> SEMPRE QUANDO TE ENCONTRES ANGUSTIADO POR QUALQUER FATOR QUE INTERFIRA NA TUA SENSIBILIDADE MEDIÚNICA, PERGUNTA-TE COMO SE COMPORTAVA JESUS EM SITUAÇÕES EQUIVALENTES E SEGUE-LHE O EXEMPLO. ASSIM AGINDO, JAMAIS TE EQUIVOCARÁS OU PADECERÁS DE SOFRIMENTOS INJUSTIFICÁVEIS.

CONSCIÊNCIA *de* DEVER

28

COM MUITA SABEDORIA, OS ESPÍRITOS NOBRES responderam à indagação de Allan Kardec, a respeito de onde se encontram inscritas as leis de Deus, informando que estão na consciência.

A aquisição da consciência pelo ser humano foi um dos mais grandiosos momentos do processo da evolução antropopsicológica.

Saindo do instinto e dos seus impulsos automáticos, a inteligência desabrochou e surgiu o discernimento, logo a razão pôde identificar os objetivos existenciais, compreendendo as diversas funções que lhe dizem respeito e logrando o voo da imaginação em torno de algumas questões de difíceis significados, alcançando quase as abstrações.

Lentamente foi surgindo a consciência lúcida, capaz de tomar conhecimento da realidade, selecionando os valores edificantes daqueles que se caracterizam pela perturbação e pelo sofrimento, aprofundando-se na constatação do comando das funções de todo o organismo, por fim viajando no rumo da transcendência e da percepção objetiva, cósmica...

Alcançado o estágio de ser pensante, o Espírito faz-se responsável pelas suas ações, porquanto já é capaz de distinguir o bem do mal, aquilo que o promove tanto quanto o que o rebaixa moralmente, nascendo-lhe o senso de responsabilidade.

ANTROPOPSICOLÓGICO simultaneamente antropológico (relativo ao homem, em seus aspectos biológicos e comportamentais) e psicológico (pertencente à psique ou aos fenômenos mentais ou emocionais)

LOGRAR alcançar, conseguir

TRANSCENDÊNCIA caráter do que é transcendente (superior, sublime; que excede a natureza física)

A partir desse momento, a consciência indu-lo ao cumprimento dos deveres estabelecidos pelas leis sociais e, principalmente, por aquela que tem servido de padrão através dos milênios últimos exarada por Moisés: o *Decálogo*.

EXARAR registrar; lavrar

Nada obstante, em razão da severidade de que se constitui, Jesus amenizou-a, propondo a lei de amor através da qual mais facilmente se pode adquirir a paz interior e avançar-se no rumo do conhecimento desenvolvendo os incalculáveis tesouros da inteligência.

Desde o *Código de Hamurábi* até as modernas leis que reconhecem os direitos humanos e trabalham contra qualquer tipo de exploração da mulher e do homem, assim como buscam eliminar os hediondos preconceitos de raça, de credo, de nascimento, de classe, de penalização de morte, a lei de amor atinge o auge, dando-lhes o toque de compaixão e de misericórdia quando a severa balança da justiça impõe a aplicação austera dos impositivos estabelecidos e de caráter punitivo.

HEDIONDO horrível; pavoroso, repulsivo

AUSTERO rigoroso

As leis humanas têm por objetivo estabelecer as regras da convivência saudável dos indivíduos em relação a eles mesmos, às suas famílias, à sociedade, dando lugar ao clima de respeito e de trabalho que fomentam o progresso e propõem a harmonia de todos.

Sempre que desrespeitadas, estabelecem dispositivos encarregados de punição ou de reeducação do infrator, proporcionando-lhe o soerguimento moral e social, assim como o reequilíbrio para prosseguir no conjunto das demais pessoas.

As leis divinas estabelecem a harmonia cósmica, estendendo-se aos grupamentos humanos de forma que a fraternidade e o dever sejam responsáveis pela aquisição dos direitos a que todos fazem jus.

Sem a lei de amor, porém, muitíssimo mais difícil seria a recuperação dos equivocados, a disciplina dos rebeldes, o desenvolvimento dos mais primitivos e perversos que ainda transitam nas faixas primárias da evolução.

Respeitar todas as leis constitui dever de todo cidadão que deseja a ordem e o desenvolvimento da comunidade na qual se encontra localizado.

•

A reta consciência do dever é o estágio de amadurecimento psicológico do ser humano que descobre o objetivo primordial da existência na Terra e labora em favor do atendimento de todas as responsabilidades que lhe dizem respeito.

LABORAR trabalhar; realizar

Percebe, por exemplo, que a reencarnação é ensejo sublime de edificação de si mesmo, de autoiluminação, de constituição digna da família universal, de aprendizagem do bem inefável.

INEFÁVEL que não se pode descrever em razão de sua natureza, força, beleza; indescritível

As alegrias que decorrem dessa conscientização transformam-se em bênçãos que passam a estimular e aumentar o desejo de mais servir, tornando-o um exemplo vivo de fé robusta e de ação libertadora.

Quanto mais a consciência aprofunda o autoconhecimento, mais fáceis se lhe tornam os esforços para a aquisição da plenitude, do que Jesus denominou como o *reino dos céus dentro de cada um.*

Não se torna indispensável aguardar a desencarnação para fruí-lo, porquanto, encontrando-se em germe durante a jornada humana, amplia-se e inunda-se de harmonias siderais que prosseguem após a vilegiatura carnal, quando a morte liberta o encarcerado na matéria.

SIDERAL relativo ou próprio do céu; celestial

O sentimento de gratidão acompanha sempre a consciência do dever, por facultar o entendimento do que significa o ensejo que é concedido ao empreendedor, que se esmera por aproveitá-lo com sabedoria e unção.

VILEGIATURA CARNAL temporada de existência na matéria

Essa consciência do dever não pode ser transmitida, pois que é fruto das acuradas reflexões em torno da existência terrena, da sua transitoriedade, do festival de ilusões anestesiantes

UNÇÃO devoção

e passageiras, assim como da escolaridade que representa, favorecendo o conhecimento integral da vida.

Em razão da grande variedade de comportamentos morais e espirituais da sociedade, constata-se a diversidade dos níveis de consciência em que estagiam os seus membros, caminhando todos, porém, inevitavelmente, para a aquisição daquele mais elevado.

Nesse sentido, a reencarnação é o recurso valioso de que se utilizam as divinas leis, ensejando a mudança de estágio em que todos se encontram, podendo galgar outros patamares ascendentes e felicitadores.

Aqueles que, no entanto, não se interessam pelas conquistas mais profundas e preferem as experiências sensoriais, os prazeres imediatos, o letargo da consciência de dever, igualmente são convidados pela vida à mudança de comportamento, porque a lei de progresso é inevitável.

O ser humano está destinado à sublimação, apesar do momento de inquietações e de desafios que domina a sociedade aturdida, extravagante e consumista.

Ninguém poderá fugir do impositivo da evolução, que faz parte do esquema projetado por Deus para todos os Seus filhos.

Indispensável, portanto, cada qual utilizar-se com sabedoria, desde logo, das possibilidades que se encontram ao alcance, trabalhar as anfractuosidades do caráter abrutalhado, esmar os sentimentos e anelar pela individuação.

•

Se a tua consciência aponta-te o rumo da harmonia pelo trabalho e pela renúncia das facécias e suas proposições, não temas prosseguir estoicamente.

Compreendido ou malsinado, avança com coragem, vencendo-te a ti mesmo e ampliando os horizontes das tuas aspirações no rumo do Mestre Incomparável que te serve de guia, modelo que é para toda a humanidade.

Nunca desistas de fazer o bem, embora perseguido e mal afamado.

Numa sociedade na qual os deveres de consciência ainda não são respeitados, e os subornos, os conciliábulos indignos estabelecem-se onde não deveriam ter lugar, que sejas aquele que age com retidão e vive obedecendo aos postulados das divinas leis, mesmo respeitando as que são de elaboração humana.

CONCILIÁBULO
reunião secreta
cujos desígnios são
sobretudo malévolos

•••

SE A TUA CONSCIÊNCIA APONTA-TE O RUMO DA HARMONIA PELO TRABALHO E PELA RENÚNCIA DAS FACÉCIAS E SUAS PROPOSIÇÕES, NÃO TEMAS PROSSEGUIR ESTOICAMENTE. COMPREENDIDO OU MALSINADO, AVANÇA COM CORAGEM, VENCENDO-TE A TI MESMO E AMPLIANDO OS HORIZONTES DAS TUAS ASPIRAÇÕES NO RUMO DO MESTRE INCOMPARÁVEL QUE TE SERVE DE GUIA, MODELO QUE É PARA TODA A HUMANIDADE.

ASCENSÃO *e* QUEDA

29

A HISTÓRIA É, SEM DÚVIDA, UM REPOSITÓRIO COM- plexo e rico dos acontecimentos que dizem respeito à humanidade.

As suas narrações luminosas e trágicas dão-nos notícias da transitoriedade do fasto e da desgraça, sucedendo-se, quase sempre, um ao outro, nem sempre nessa mesma ordem, demonstrando que a *árvore que o Pai não plantou é sempre arrancada*.

Pela memória guardada em seus registros, acompanhamos a ascensão de impérios grandiosos, quase indestrutíveis, que o tempo derruiu e as guerras de extermínio aniquilaram, de nações que surgiram do pó dos desertos ou da lama dos pântanos e submeteram outras ao seu talante belicoso, que brilharam por um tempo e foram devastadas logo depois, ficando somente pedras calcinadas e muralhas gastas, ou das páginas eloquentes dos seus pensadores, assim como das calamidades execrandas praticadas pelos seus governantes insensíveis...

A Babilônia gloriosa de Nabucodonosor e os jardins suspensos que edificou em homenagem à sua mulher estão hoje reduzidos a pó, os colossos de pedra como templos monumentais e pirâmides guardadoras de segredos ainda indecifrados no Egito dos faraós apresentam-se corroídos pelos ventos e submersos em areais inclementes, a Índia dos marajás opulentos e dos párias desprezados com as cidades abandonadas por falta de

FASTO
felicidade; prosperidade; fortuna

DERRUIR destruir

TALANTE decisão dependente apenas da vontade; arbítrio

BELICOSO
que tem inclinação para a guerra, para o combate

CALCINADO
queimado; torrado, transformado em cinzas

ELOQUENTE
expressivo

EXECRANDO
digno de execração (aversão profunda; abominação)

MARAJÁ título dado aos príncipes feudais da Índia

PÁRIA
indiano não pertencente a qualquer casta, considerado impuro e desprezível pela tradição cultural hinduísta

ETNIA coletividade de indivíduos que se diferencia por sua especificidade sociocultural, refletida principalmente na língua, religião e maneiras de agir

HEDIONDO horrível; pavoroso, repulsivo

INEXPUGNÁVEL de que é impossível se apoderar pela força; invencível

FALACIOSO enganoso

VORAGEM que é capaz de tragar, sorver com força

IMORREDOURO imortal; perene

água umas e outras destruídas pelas guerras contínuas entre as diferentes etnias, carregando o fardo de misérias inomináveis, o poder de Esparta desaparecido e ignorado nas ruínas calcinadas, a beleza de Atenas e sua filosofia transferidas para Roma dominadora e, mais tarde, destruída...

Nos tempos modernos, também se levantaram impérios quase invencíveis, como o otomano, o austro-húngaro, o britânico, o nazista, o soviético e outros de não menor importância, hoje apresentando-se devorados pela alucinação dos seus construtores ambiciosos, sofrendo o efeito dos crimes hediondos perpetrados contra os povos que submeteram e os mártires que assassinaram cruelmente...

Todas as glórias do poder terreno convertem-se em lembranças amargas, que deveriam ensinar às novas gerações de governantes as superiores lições de edificação do bem e da justiça, da equanimidade e da fraternidade, mediante as quais podem tornar-se inexpugnáveis, permanentemente vivos no conjunto que deve preparar o mundo melhor, mais digno de ser considerado e com mais elevados conteúdos morais e espirituais.

Mesmo o cristianismo, que transformou a humilde manjedoura em templo adornado de ouro e de púrpura, saindo da singeleza das praias gentis da Galileia e alcançando os tronos reais, segurando o cetro do poder nas mãos vigorosas da prepotência e da presunção, vem tombando no descrédito e no desrespeito dos seus príncipes e nobres representantes, por haver perdido a inspiração divina do Cristo, por ter adulterado as Suas lições, transformando-se em organização político--religiosa arbitrária e falaciosa em total declínio...

Na voragem do tempo, tudo passa, permanecendo somente as lembranças dolorosas ou sublimes daqueles que então viveram, legando as imorredouras páginas das vidas que se permitiram.

A simbólica Esfinge tudo devora, menos as construções do bem, do amor, da verdade de que se fez instrumento Jesus Cristo, cuja vida e obra inscrevem-se como os mais ditosos momentos da humanidade.

DITOSO feliz

•

A sublime proposta do Mestre Galileu, exarada em ternura e em compaixão, exteriorizada com mansidão e misericórdia em nome do amor, tem atravessado os dois milênios últimos como sendo a mais bela página de vida de todas as vidas.

EXARAR registrar; lavrar

Trazendo ao mundo das ilusões o definitivo *reino de Deus*, fincou as suas bases no sentimento das pessoas, colocando a criatura humana no mais elevado nível de dignidade e beleza, enriquecendo-a de saúde e de harmonia.

Todos aqueles que são convidados a participar desse incomparável império de monumental grandeza devem despir-se das indumentárias pesadas em que se encarceram nos tecidos asfixiantes dos vícios e despautérios, compreendendo que se faz indispensável a *veste nupcial* para o permanente banquete da fraternidade e da compaixão em relação aos infelizes que ainda não despertaram para a cidadania espiritual.

INDUMENTÁRIA vestimenta, roupa

DESPAUTÉRIO dito ou ação absurda, grande tolice; asneira

Enquanto as nações do mundo se celebrizam pelo exterior, pela opulência e extravagância que se permitem, sugando o sangue e a vida de todos aqueles que se lhes submetem, roubando-lhes a alegria e o encantamento, o *reino dos céus* não vem com aparência exterior, libertando os aprisionados nos desejos servis e ajudando-os na aquisição da autoconsciência que os trabalha para a conquista da lídima harmonia.

LÍDIMO autêntico, legítimo

A traição, a infâmia, a perseguição, o dolo, a subserviência, a hipocrisia, o medo e outros títeres dos sentimentos humanos são as moedas do comércio social e político dos grandes povos que se levantam no cenário internacional, combatendo a guerra e vendendo armas de alta destruição aos belicosos, pregando justiça social e progresso com o seu povo tornado

DOLO procedimento fraudulento por parte de alguém em relação a outrem; fraude

SUBSERVIÊNCIA sujeição servil à vontade alheia, submissão voluntária a alguém ou a alguma coisa

TÍTERE marionete, fantoche

escravo da sua tecnologia e indústria do terror, para alcança-rem o pódio dos aplausos por pouco tempo, logo tombando vencidas pelos desastres da natureza ou das próprias desor-denadas ambições.

A misericórdia, a caridade, a ternura, a compreensão e a solidariedade são os extraordinários recursos disponíveis para a instalação e a convivência em o novo reino, onde não existem separatismos nem exclusivismo de classes e de governantes, cada qual sendo responsável pelos próprios atos ante a cons-ciência lúcida em relação ao dever e à vivência pessoal.

Desconhecendo preconceitos e exaltações egoicas, as leis que nele vigem decorrem da responsabilidade pessoal, são es-tabelecidas pelos soberanos códigos de equilíbrio universal, todas derivadas do amor de Deus em relação aos Seus filhos.

Das ruínas que ficaram das obras grandiosas do passado, nascidas no orgulho e na ostentação de homens e mulheres atormentados, levantam-se na atualidade novas construções de tolerância e solidariedade para albergar todos os indivíduos, sem nenhuma distinção, sob o estrelado céu da complacência do Seu Engenheiro Sideral...

Certamente, ainda transcorrerão muitos dias de lutas cruen-tas entre os mantenedores da opressão, que detestam a liberda-de, dos caprichosos dominadores de outras vidas, que permane-cerão investindo contra as novas realizações, dos atormentados morais que se comprazem na vilania e nos desvios morais, criando embaraços, assim como daqueles que se transformam em inimigos do bem acionados pelas mentes enfermas da es-piritualidade inferior, afligindo os novos obreiros do Senhor, perseguindo-os com instintos destrutivos, sem se dar conta que a morte igualmente os arrebatará, conduzindo-os ao país de origem, onde se encontrarão com a consciência desestruturada...

•

EGOICO referente a ou próprio do ego

VIGER estar em vigor; ter eficácia, vigorar

ALBERGAR alojar; acolher, abrigar

COMPLACÊNCIA benevolência

SIDERAL relativo ou próprio do céu; celestial; relativo ou pertencente aos astros ou às estrelas

CRUENTO cruel

COMPRAZER deleitar-se; autossatisfazer-se

VILANIA atributo ou caráter do que é vil ou vilão

Seja a tua ascensão moral o resultado do esforço para tornar-te cada dia melhor do que na véspera, ambicionando e lutando por aprimorar-te mais no dia seguinte, já que anelas pelo *reino de Deus* que te cumpre edificar dentro de ti mesmo, sem desprezo pelos impérios transitórios da Terra, nos quais exercitas a fraternidade e o bem.

ANELAR desejar intensamente

Talvez não sejas galardoado pelas simpatias e enriquecimentos convencionais, convidado mesmo a testemunhos silenciosos como sói acontecer quando se está no mundo de paixões infamantes, mas mantém a tranquilidade que deve caracterizar todos quantos se vinculam ao Divino Construtor da Terra, servindo com empenho da maneira mais eficaz e duradoura possível.

GALARDOADO que foi contemplado com honra; premiado

SOER acontecer com frequência, ser hábito ou costume; costumar

Constatarás amanhã o significado da ascensão e da queda no mundo das convenções que, no entanto, é a abençoada escola de aprimoramento moral dos Espíritos no seu processo de crescimento e de autoiluminação.

•••

SEJA A TUA ASCENSÃO MORAL O RESULTADO DO ESFORÇO PARA TORNAR-TE CADA DIA MELHOR DO QUE NA VÉSPERA, AMBICIONANDO E LUTANDO POR APRIMORAR-TE MAIS NO DIA SEGUINTE, JÁ QUE ANELAS PELO *REINO DE DEUS* QUE TE CUMPRE EDIFICAR DENTRO DE TI MESMO, SEM DESPREZO PELOS IMPÉRIOS TRANSITÓRIOS DA TERRA, NOS QUAIS EXERCITAS A FRATERNIDADE E O BEM.

NOITE EXTRAORDINÁRIA

30

VIVIA-SE O PERÍODO DA SUPREMACIA DO PODER absoluto sobre as pessoas e as nações.

O ser humano era, de alguma sorte, alimária submetida ao jugo das paixões dos conquistadores impiedosos e dos regimes perversos.

Os direitos repousavam nos poderes execrandos que não distinguiam justos de injustos, nobres de serviçais, todos colocados na mesma lixeira de degradação gerada pelos fâmulos das glórias mentirosas de um dia.

A Terra estorcegava sob as legiões romanas que, embora tolerassem alguns cultos dos vencidos e as suas tradições, extorquiam ao máximo todas as possibilidades de sobrevivência, mediante impostos absurdos e perseguições sem nome.

Esplendia o império em glórias da literatura, da arte, da beleza, mas sobretudo da guerra.

Espalhadas praticamente por quase todo o mundo conhecido, não havia fronteiras para delimitar o poder de Roma, que se assenhoreara do planeta através das suas forças poderosas.

Antes desse período, Alexandre Magno, da Macedônia, Ciro, rei dos persas, Aníbal, o cartaginês e outros sicários dos povos haviam passado, deixando rastros de destruição e de desgraça, assinalando as suas conquistas com o pesado tributo das vidas que eram arrebatadas.

ALIMÁRIA
animal irracional;
besta de carga

EXECRANDO
digno de execração
(aversão profunda; abominação)

FÂMULO
criado, serviçal

ESTORCEGAR
contorcer-se

ESPLENDER
resplandecer:
brilhar; sobressair

SICÁRIO malfeitor

O mundo sofria a opressão dos mais perversos e a lei era sempre aplicada pelas armas de aniquilamento das vidas.

Israel havia perdido a direção do seu pensamento vinculado ao Deus único, padecendo as injunções arbitrárias dos seus governantes insanos, encontrando-se sob o jugo de Herodes, o Grande, que sequer era judeu, mas idumeu. Tentando harmonizar a sua origem com a raça hebreia, casou-se com Marianne, de origem hasmoniana, filha de nobre sacerdote do Templo, a quem mandou matar por inconcebível suspeita de adultério, como fizera com alguns dos seus próprios filhos, temendo que lhe tomassem o poder.

Tentando diminuir os ódios da raça que administrava, encarregou-se de embelezar o Templo, adornando-o com uma parreira de ouro maciço numa das laterais de entrada, e continuando a construção grandiosa, que seria derrubada por Tito, no ano 70 d.C., não ficando *pedra sobre pedra*...

O seu execrando governo deixou marcas inapagáveis de imoralidade e de perversão por toda parte, facultando que o povo sofresse todos os tipos de perseguição e aumentasse a sanha dos ódios entre as diferentes classes.

A religião descera ao fundo do poço do desrespeito às leis mosaicas e às tradições proféticas, tornando-se um negócio rendoso que engabelava os frequentadores do Templo de Jerusalém e das sinagogas, mais caracterizados pelos formalismos do que, realmente, pelo significado espiritual que desaparecera quase em totalidade.

Raros eram os sacerdotes escrupulosos e respeitáveis, porquanto a imensa maioria se encontrava mancomunada com os governantes em lamentáveis conciliábulos de exploração da ignorância e da superstição.

•

É nesse clima de hostilidades e no surgimento de uma fase nova na governança do império romano que nasceu Jesus.

Contrastando com as construções luxuosas e as hospedarias erguidas no fausto e na ostentação, Ele veio ter com a humanidade numa gruta modesta de calcário, nas cercanias de Belém, numa noite arrebatadora de estrelas fulgurantes, em verdadeira orquestração de luzes.

Ao invés da presença da elite em torno do seu berço e dos destacados administradores do país, esteve cercado pelos pais e pelos animais domésticos que dormiam na modesta brecha da natureza.

O vento frio que soprava no exterior não perturbava o aquecimento pela fogueira no pequenino espaço em que Ele dormia.

Nada obstante, uma insuperável musicalidade angélica esparzia as vibrações harmônicas em toda parte, anunciando a chegada à Terra do seu rei e senhor.

Nunca mais o opróbrio ganharia prêmios nem se destacaria nas comunidades humanas, porque Ele viera para que os oprimidos experimentassem o arrebentar das grilhetas, os vencidos pudessem respirar o ar balsâmico da liberdade, os infelizes tivessem ensejo de cultivar a esperança e os abandonados recebessem carinho onde quer que se encontrassem.

Jesus foi o homem que demarcou a história com a Sua presença, assinalando-lhe todos os fastos antes e depois da Sua estada entre nós.

Mais tarde, atendendo às injunções tradicionais, seus pais levaram-No ao Templo, onde foi reconhecido como sendo o Messias e distinguido por Simeão e Ana que logo O identificaram.

Ainda jovem, retornou ao grande santuário durante as celebrações da Páscoa, que mais tarde se tornarão trágicas, enfrentando os astutos sacerdotes num diálogo extraordinário, a todos confundindo com a Sua palavra excepcional.

... E posteriormente saiu a ensinar o amor e a vivê-lo em toda a sua gloriosa dimensão, modificando a paisagem humana do planeta que, embora ainda não haja absorvido todos os

---

FAUSTO
pompa, luxo

FULGURANTE
brilhante; cintilante

ESPARZIR
disseminar, difundir

OPRÓBRIO
grande desonra pública; degradação social; vexame

GRILHETA
corrente de metal com que se prendem os prisioneiros

FASTOS
registros públicos de acontecimentos ou obras notáveis; anais

ASTUTO
esperto, malicioso, dissimulado

INEXORAVELMENTE de maneira inexorável (inelutável, fatal; contra o qual nada pode ser feito)

GOVERNANÇA ato de governar

INEXCEDÍVEL impossível de ser superado; insuperável

Seus ensinamentos, caminha inexoravelmente para o clímax após a transição que hoje experimenta.

Jesus não é um símbolo da grandeza do amor, mas o amor mesmo em nome do Pai, alterando a legislação dos homens, sempre interesseiros, e da governança, invariavelmente injusta, em novas condutas para a felicidade dos povos.

Sob todos os aspectos considerados é excepcional o Seu ministério terrestre e incomparável a Sua dedicação.

•

Ruiu o império romano, outros o sucederam, modificaram-se as organizações terrestres, a Sua doutrina foi ultrajada pelos interesses mesquinhos dos infiéis seguidores, mas ela permanece imutável na mensagem moral de que se reveste, renascendo sob outras formas de dedicação e de caridade, como caminhos de autoiluminação e de vida para todas as criaturas.

Logo mais, celebrar-se-ão as festas evocativas daquela noite inexcedível.

Faze silêncio de oração e deixa-te mimetizar pelo psiquismo do Mestre a quem amas, dedicando a tua existência ao serviço de amor, nestes tormentosos dias da humanidade.

Não permitas que o Natal seja apenas uma festa vulgar de trocas de presentes e de comilanças, mas, sobretudo, de espiritualidade, contribuindo para que a dor seja menos sofrida e o desespero ceda lugar à alegria em memória Dele, o conquistador inconquistado.

••• • •••

NÃO PERMITAS QUE O NATAL
SEJA APENAS UMA FESTA
VULGAR DE TROCAS
DE PRESENTES
E DE COMILANÇAS,
MAS, SOBRETUDO,
DE ESPIRITUALIDADE,
CONTRIBUINDO PARA QUE
A DOR SEJA MENOS SOFRIDA
E O DESESPERO CEDA LUGAR
À ALEGRIA EM MEMÓRIA
DELE, O CONQUISTADOR
INCONQUISTADO.

A

abandono 118
aborto 137
  legalização 138
acepipe 142
acerbo 47
ácido fólico 137
açodar 131, 138
acúleo 46, 169
acusar 71
admoestação 60, 64
Adolfo Bezerra de Menezes Cavalcante
  ver Bezera de Menezes
afã 107, 120, 123, 148
afadigado 35
afadigar 10, 24, 123
afanosamente 33
afetividade 153, 157
afeto 156
afinidade emocional 21
aflições 102
África do Norte 39
agressão 132
agrura 117
albergar 186
Alemanha 39
Alexandre Magno 189
algoz 28, 63
alimária 189
Allan Kardec ver Kardec
altiplano 35, 88
altruísmo 89
alvinitente 66
amadurecimento espiritual 9
amarfanhar 36
ambíguo 159
Amigo Sublime ver Jesus
amiúde 138
amor 24, 42, 65
  necessidade 90
Ana 191
anacoreta 16
anatematizar 142
Anaxágoras 51
anedotário 142
anelado 34, 118
anelar 10, 35, 71, 88, 99,
    155, 167, 180, 187
anelo 9, 143, 147

anencefalia 137
Anencefalia 135
anencéfalo 137
anfractuosidade 96, 180
Aníbal 189
animosidade 173
Anito 52
antropopsicológico 112, 177
aplauso 17
apodar 106
apodo 101, 144
apostasia 27
Apóstolo das Gentes ver Paulo, apóstolo
Apóstolo dos Gentios
    ver Paulo, apóstolo
apoteótico 23
apupo 17
aquebrantar 28
Áquila 118
aquilatar 11
arauto 77
argamassa 51, 83
argueiro 70
aristocracia 124
Aristóteles 172
arquétipo 171
arremedo 76
arrimado 84
arroubamento 126
Ascensão e queda 183
Asclépio 52
a soldo de 100
assacar 106
asselvajado 64, 87, 154
Assim passa 51
Assis 161
assomar 149
astúcia 89
astuto 191
atavio 24
atavismo 113, 130
Atenas 184
audácia 88
aureolado 78
aureolar 28
austero 129, 178
austro-húngaro
  império 184
autoajuda 12
autoamor 108

ÍNDICE

autocídio 136
autoconquista 17
autoconsciência 185
autodeslumbramento 89
autodignificação 33
autoencontro 15, 149
autoenfrentamento 132
autoiluminação 12, 13, 30, 36, 107
autopenetrar 34
azáfama 148
aziago 12, 89, 136
azorrague 28

B

Babilônia 183
bafio 63
balbúrdia 16
báratro 23, 75, 150
bazófia 84
Belém 191
belicoso 183
bem 94
   ação 46
   vitória 88
Bezerra de Menezes 13
Bíblia 39
biotipologia 111
Boa-Nova 15
braille 81
britânico
   império 184
Buda 172
burilamento 45, 125
burra 57

C

cabalístico 119
calceta 45
calcinado 183
cálculo geométrico 143
calvário
   pessoal 48
Calvário 107, 117
   lição 114
camartelo 29, 143
campear 10, 46
caos 111, 135
cárcere 45, 52, 58, 63, 131
cardo 48
caridade 36, 72

carisma 172
carnes da alma 58
Cartago 189
carta viva do evangelho 125
causa
   fidelidade 108
cegos
   conduzindo cegos 84
cegueira 81
   espiritual 82
Cegueira espiritual 81
celebração 36
César 23, 29, 125, 144, 160
China 172
ciclópico 22
cicuta 52
Cidadania universal 129
cimo 58, 90, 143
Ciro 189
Código de Hamurábi 178
comburir 64
comenos 29
cometimento 30, 59
compartir 156
complacência 71, 186
comportamento
   sério e digno 129
comportamento artificial 24
comprazer 10, 70, 83, 87, 94,
   112, 131, 167, 173, 186
comunicação exterior 24
comunicação virtual 12
conciliábulo 181, 190
conduta crística 23
Confúcio 172
Conhece-te a ti mesmo 52
conhecimento 21
   espírita 130
conquista consumista 34
conquista evolutiva 9
consciência 21, 177
   nível 180
Consciência de dever 177
consciência do dever 179
Consolador 23, 29, 124, 145, 161, 172
consumismo 76
contemporâneo 10, 76, 119, 141, 157
conúbio 120
convivência 16
corrupção 93

Criação
  mito 154
criança maltratada 113
cristão 22
  novo 23
  perseguição 29
  primitivo 36
cristianismo 22, 184
  primitivo 27
Cristo *ver* Jesus
Críton 52
cruento 72, 186
culto ao bezerro de ouro 40
cumeadas 41, 167

D

Damasco 16
deambular 130
Decálogo 178
defecção 154
defluente 27, 63, 112, 136, 154
defluir 58, 150
degenerescência 137
denominação religiosa materialista 94
depressão 19, 34
derrocada 144
derruir 59, 183
desaire 132
desairoso 88
desar 25, 59, 87, 120
desbastar 119
desdita 63, 65, 132
desencarnação 96
deserto 15
  busca 17
  metáfora 16
desfaçatez 165
despautério 185
déspota 89
despotismo 76
desvairar 93, 137
desvario 93, 141
dia de ação 37
dias apostólicos 24
dias de aflição 75
diatribe 168
diencéfalo 137
dificuldades 105
dignidade 96
  moral 93, 96

Dignidade moral 93
discípulo
  compromisso 126
ditoso 100, 175, 185
divertimento 33
divina paternidade 131
dogma 29
dolo 185
dor 30, 45, 46
doutrina espírita 30
dracma 99, 160
dualidade 18
dúlcido 119
dulcificar 65

E

efêmero 22, 83, 148
égide 124
Egito 15
ego 9, 31, 36, 42, 76, 118, 120,
  123, 141, 147, 162
egoico 155, 186
ególatra 12
egotismo 132, 136
egotista 166
eito 47
eloquência 84
eloquente 183
emboscar 39
Em busca da iluminação 27
empáfia 89
empatia 10
empático 11
em pós 166
emurchecer 22, 161
encarniçar 90
Enfermidade da alma 69
enfibratura 54
engabelar 190
engodo 58, 76
ensoberbecer 131
Entrega-te a Deus 13
epopeia 100, 161
equilíbrio íntimo 17
equipamento novo
  posse 95
era do Espírito 79
era nova 13
ergástulo 28
ermitão 16

erotismo 94
erudito 160
escárnio 84
escol 77
escola de aprimoramento moral 45
escrupuloso 190
Esculápio 52
escultor de alma 51
escusa 123
escusar 27
esfaimado 15, 174
Esfinge 185
esforço prolongado 34
esgar 37, 167
esmaecer 29
esmar 180
espairecer 36
espairecimento 33
Esparta 184
espartano 138
esparzir 191
Espinhos na jornada cristã 165
espírita
    postura inicial 124
espiritismo 13, 48, 96, 162
Espírito 83, 96
    imortalidade 96
esplender 78, 165, 189
esporte
    astros 47
espraiar 131, 142
espreitar 113, 155
espúrio 41, 64, 137
estafa 35
estertor 23
estiolado 103
estoicamente 180
estoicismo 29
estoico 77
estorcegar 23, 40, 46, 82, 189
etnia 138, 184
eugênico 138
evolução
    moral e espiritual 87
exarar 96, 178, 185
execrando 183, 189
exegese 160
exegeta 162
existência humana 66

existência terrena
    relatividade 59
exornar 88
expungir 168

F

facécia 77, 180
faculdade mediúnica 171
falacioso 184
falsa necessidade 35
família 33, 157
fâmulo 189
fanal 43, 89
fantasia 34
farisaico 160
farisaísmo 78
fariseu 82, 107
fasto 183
fastos 144, 191
fausto 191
faustoso 161
fé 27
fé cristã
    adesão à política 29
felicidade 59
    pessoal 57
Felicidade 58
Fenáreta 52
fenecer 22
férias 35
férias coletivas 33
Fidelidade mediúnica 171
fisiológico 10, 111, 166, 173
Fo-Hi 172
formidando 17
fragor 87
França 39
Francisco 161
fratricida 89
frívolo 10, 93
fruir 18, 33, 78, 95, 118
fuga
    da realidade 16
    mecanismo 95
fuga psicológica 95
    da realidade 33
fugidio 95
fulgurante 130, 191
furibundo 70
fustigar 46

G

galardoado 187
Galileia 184
galvanizar 46
gárrulo 33
gentileza 120
Gólgota 101
governança 190, 192
grassar 70, 143
gratidão 179
gravame 69
Grécia 172
gregário 153
grei 21, 142, 153, 171
grilheta 191
guerra 71

H

harmonia universal 111
harpejo 100
hasmoniano 190
hebefrenia 138
hebreu 190
hediondez 59, 66
hediondo 22, 58, 64, 137, 178, 184
hedonismo 160
hedonista 51, 141
Hellen Keller 81
herança
  doentia 63
Herodes, o Grande 190
história 183
hodierno 23
holocausto 22, 27, 66, 100, 168, 172
homiziar 41
honorabilidade 106
hora certa 108
hormônio psíquico 156
hórrido 24
horto das Oliveiras 101
hosana 60

I

ideação 9
identidade crística 24
identificação 21
idiotia 138
idumeu 190
ignóbil 131

iluminação 27
Ilumina-te 9
ilusão 33, 35
Imitação de Cristo 39
imo 78, 120, 150
imorredouro 184
império romano 29
implume 147
impudico 105
incoercível 172
incólume 106, 167
indefenso 112
indene 46, 69, 107
Índia 172, 183
indimensional 40
inditoso 69, 83
individuação 180
indolência 132
indumentária 101, 185
inefável 35, 125, 150, 179
inexcedível 66, 192
inexorabilidade 52
inexoravelmente 192
inexpugnável 184
infausto 57
infelicidade 57
infravermelho
  raio 165
injunção 12, 72, 94, 166, 171, 190
inolvidável 102, 161
insídia 132
insidioso 70
insofismável 29
instinto 96
  superação 112
instrumento tecnológico
  aquisição 95
intempérie 167
intempestivo 129
interiorização 15
intimorato 106
intriga 69, 71
intrigante 70
introspecção 129
invernia 108
investidura 76, 171
invidente 81
ira 64
irradiação mental 9
irrefragável 143

irrefreável 36
irrisão 83
Israel 172,190

J

jaça 41
jactância 42
jardim das Oliveiras 121
jazer 135,173
Jesus 11,13,15,16,19,21,22,23,
24,27,28,29,31,39,40,42,47,
54,60,66,70,71,72,77,78,82,
83,84,89,91,94,96,97,99,
101,106,107,108,114,117,118,
121,124,125,126,141,144,153,
162,166,167,168,171,174,178,
179,180,184,187,190,191
amor 192
discípulos 29
discípulos na atualidade 29
doutrina 159
Mártir do Gólgota 29
Mestre 27
noite escura da alma 121
perseguição 132
trabalho 36
Joanna de Ângelis 13
João 15
João, o batista 40
júbilo 28,34,41,46,59,82,
97,120,127,156
jubilosamente 27
jubiloso 36
judaísmo 15
judeu 190

K

Kardec 72,107,161,172,177
Krishna 172

L

labor 45,105
laborar 36,174,179
labuta 123
lamúria 47
Lao-Tsé 172
lar 36
ausência física e emocional 33
Lázaro 99
lazer 33,35

Lazeres e divertimentos 33
lei de causa e efeito 81
leis de Deus
local de inscrição 177
letargo 180
Liberta-te do mal 13
libido 153
Licon 52
lide 107
lídimo 185
lôbrego 45
locupletar 35
logrado 131,150
lograr 46,53,147,177
loquacidade 129
loução 53
Louis Braille 81
louvaminha 29,120
Lucas 22
Lúcifer
mito 144
ludibriar 84
lugar paradisíaco 34
Luís IX 39
lustral 23
luta 87,89,90
desistência 106
espiritual 123
terrestre 123
lutador 88,90
Lutas abençoadas 87

M

Macedônia 189
macerar 46,117
macrocosmo 93
madre Tereza de Calcutá 117
mágoa 113
maiêutica 52
mal
triunfo 89
malquerença 88,132
malsinado 107,180
malsinar 112
Mamon 125
mancomunado 190
marajá 183
Marianne 190
Mártir do Gólgota *ver* Jesus
martírio 27,107

martirológio 22, 100
masoquismo 30
materialismo 76, 94
Mateus 163
mavioso 102
medianeiro 174
médium 173
médium de Deus 175
mediunidade 172
medrar 69, 108
mefítico 69
mensagem
  Jesus 27
meritório 108
Messias 191
Mestre *ver* Jesus
Mestre de Nazaré *ver* Jesus
metáfora 16
metal interno 59
miasma 42, 143
microcosmo 93
Mileto 52
ministério 60
mister 39, 45, 174
modelo e guia 78
moderno cristianismo 124
Moisés 15, 107, 172, 178
monoideia 64
morbidez 124, 138
mórbido 64, 138, 142
morbífico 63
morbo 41, 70
morte 96
mosaica 190
mosteiro de Claraval 40
mourejar 53, 108
mudança 59
multifário 147

N

Nabucodonosor 183
nascituro 52
Natal 192
natureza animal 65
natureza espiritual 65
nazista
  império 184
nefando 114, 136
nefasto 12
neófito 129

noite das aflições 48
noite escura da alma 117, 118, 120
Noite extraordinária 189
novidade
  perturbadora 95

O

oásis de Dan 16, 118
ócio 33
ódio 63
  consequências 63
O livro dos Espíritos 72
  questão 886 72
olvidar 54, 77, 120, 163, 171
olvido 63, 105
opróbrio 89, 191
óptica 57
  distorcida 59
oração 119
oráculo de Delfos 52
orgulho 41
ortodoxo 77, 124
o tempo passa 53
otomano
  império 184
ouvir estrelas 17

P

padres do deserto 16
paisagem interior 17
paladino 166
palavra
  enunciada 71
  silenciada 71
pântano 165
parábola 99, 160
paradigma 156
paradoxal 24
paradoxo 53, 118
paraísos do prazer 35
pária 183
Paris 81
parlamentação 71
parteira 52
partitura 100, 111, 160
Páscoa 191
paulina 22, 125
Paulo 119
paz íntima 113

pedra 59
  de tropeço 77, 88
pedrouço 90, 167
pejar 48
pensar em silêncio 17
perdão 111, 112, 113
  técnica do silêncio 113
perdulário 99
pérfido 90
perfuratriz 58
périplo 83
perispírito 11
Pérsia 189
persona 144, 147
personalidade 21
pestífero 143
Pirro 23, 89
plântula 167
Platão 51, 96, 172
porfiar 42
posse 95
prazer 75
prece 119
presença de Deus 117
previdência imortalista 54
primarismo 63, 136, 143, 147
primitivismo espiritual 9
Prisca 118
processo evolutivo 63
propaganda 95
proscênio 89
psicopatológico 172
psicossoma 11
psicoterapeuta 82
psicoterapêutico 173
psicoterapia 12
pulcritude 29
pulular 83
pureza de coração 159, 162
pusilânime 107

Q

qualidade psicológica 21
quartel 88
Questão de óptica 57

R

razão 112
rebeldia 45
recalcitrar 143
recreação 34
reencarnação 47, 179, 180
referto 57, 84
reflexão 15
reflexionar 18
Reflexões de atualidade 141
refolhos 10
refrega 17, 28
regato 41
reino dos céus 108, 185
  dentro de cada um 179
  substituição 29
rejubilar 108
relacionamento afetivo 156
Relacionamentos afetivos 153
reptiliano 137
Resguarda-te na serenidade 75
ressonância 9
ressumar 113
ressurreição 100, 121
revel 64
Riacho do Sangue 13
rincão 48
Roma 184, 189
rutilante 96

S

sabedoria espiritual 54
sádico 89
sal do amor 35
Salvador 13
Samaria 99
sanha 89, 190
Santo Eusébio 22
São João da Cruz 117
Satanás 82
Saulo de Tarso 16, 118
seara 71, 108, 124, 167
século
  da alta tecnologia 24
  da ciência 24
self 118
senectude 54
senso moral
  perda 93

sentido psicológico
  perda 17
Sentimentos perversos 63
sepulcro 24
serenidade 75
seres humanos
  diferenças 111
ser humano
  destino 95
  inimigos 42
seriedade 129
Sermão das bem-aventuranças 13
serra elétrica 58
servilismo 124
servir a Deus 125
sexo
  deuses 47
sicário 28, 66, 189
sideral 179, 186
significado existencial 12
silêncio 149
  do deserto 15
  iluminativo 17
Simeão 191
si-mesmo 149
simetria 111
simplicidade 159, 162
Simplicidade e pureza de coração 159
sinagoga 190
sintonia 21
soberba 76, 89
soberbo 24
sociedade contemporânea 76
Sócrates 51, 54, 172
soer 187
soez 30
sofisma 51
sofrimento 45, 46, 48, 58
Sofrônico 51
solidão 17
solilóquio 18
somático 10
sombra 118, 166
  propósito 18
sórdido 154
soviético
  império 184
staccato 101
status quo 22
Stradivarius 9

sublimação 13, 65, 94, 180
sublimar 47
subserviência 185

T

tacão 40
talante 183
Templo 190
tempo
  ilusão 76
tentame 70, 119
teologia 160
teológico 113
Terceira Revelação 30
Terra 45, 58, 60, 76, 93, 166
terra prometida 15
Tesouro inapreciável 39
tisnado 159
títere 185
Tito 190
Tomás de Kempis 39
torpe 132
torpor 124
trabalho 33, 35
  sociedade 41
transato 135
transcendência 177
transcendental 148, 172
transcendente 51, 58, 118, 124, 135, 171
transcender 121, 143
transformação 59
transição planetária 89
trasladar 24
tropeço 150
Tropeços 147
Tua contribuição 105
Túnis 39
turismo
  indústria 33
turista 35

U

ufania 77, 95
ultramontano 29
ultravioleta
  raio 165
unção 99, 179
união dos sexos 157
utilitarismo 30, 75
utilitarista 136, 144, 148

V

vacuidade 130, 148
vade-mécum 39
vaza 165
vazio existencial 16, 29, 117, 118, 157
verboso 84
vereda 132, 167
vergastar 48
vergôntea 48
viagem dos sonhos 33
viajar para dentro 95
vicejar 155
vício 75
vicissitude 47, 119
vida
  alegre 36
vida gloriosa 43
vigente 51, 154
viger 12, 65, 84, 111, 135, 143, 186
vilania 186
vilegiatura carnal 65, 179
vilipendiar 88, 168
vingança 64, 113
violência 94
vítima 34
viver
  objetivo essencial 33
volúpia 24
voluptuoso 143
volver 89, 144
voragem 184

ILUMINA-TE © 2013 by InterVidas

InterVidas

DIRETOR
Ricardo Pinfildi

DIRETOR EDITORIAL
Ary Dourado

CONSELHO EDITORIAL
Abel Sidney, Ary Dourado,
Fernando Araújo,
Ricardo Pinfildi, Rubens Silvestre

DADOS INTERNACIONAIS DE CATALOGAÇÃO NA PUBLICAÇÃO (CIP BRASIL)

[F8252i]
FRANCO, Divaldo (*1927)

Ilumina-Te
Divaldo Franco; Joanna de Ângelis (Espírito)
InterVidas: Catanduva, SP, 2013

208 pp.   15,5 × 22,5 cm   Índice

ISBN 978 85 60960 12 5 (especial Clube)
ISBN 978 85 60960 14 9 (especial)

1. Espiritismo   2. Reflexões
I. Franco, Divaldo   II. Joanna de Ângelis (Espírito)   III. Título

CDD 133.9   CDU 133.9

1.ª edição | agosto/setembro de 2013 | 30 mil exemplares (especial e premium)
1.ª ed., 2.ª tiragem | outubro de 2013 | 20 mil exemplares (especial)

ÍNDICES PARA CATÁLOGO SISTEMÁTICO
1. Reflexões : Espiritismo 133.9   2. Espiritismo 133.9

Parte da renda desta obra é revertida à Mansão do Caminho, obra social do Centro Espírita Caminho da Redenção, fundado em 1947 por Divaldo Franco, Nilson de Souza Pereira e Joanna de Ângelis (Espírito), em Salvador, BA.

TODOS OS DIREITOS DESTA OBRA RESERVADOS À
Editora InterVidas (Organizações Candeia Ltda.)
CNPJ 03 784 317/0001-54   IE 260 136 150 118
Rua Minas Gerais, 1520 Vila Rodrigues 15 801-280 Catanduva SP
17 3524 9501   www.intervidas.com

Impresso no Brasil   *Printed in Brazil*   *Presita en Brazilo*

COLOFÃO

TÍTULO	Ilumina-Te
AUTORIA	Divaldo Franco (médium), Joanna de Ângelis (Espírito)
EDIÇÃO	1.ª especial, 2.ª tiragem
EDITORA	InterVidas (Catanduva SP)
ISBN	978 85 60960 12 5 (especial Clube)
	978 85 60960 14 9 (especial)
PÁGINAS	208
TAMANHO	miolo 15,3 × 22,5 cm, capa 15,5 × 22,5 cm
CAPA	Audaz Comunicação e Design
FOTO AUTORES	arquivo pessoal
NOTAS	Ary Dourado
ÍNDICE	Ary Dourado
REVISÃO	Ademar Lopes Junior, Ary Dourado
PROJETO GRÁFICO	Ary Dourado
DIAGRAMAÇÃO	Ary Dourado
TIPOGRAFIA	texto principal DSType Leitura News Roman 1 10,5/15
	nota DSType Leitura Sans Grot 7,8/10,5
	índice DSType Leitura News Roman 2 7,5/10
	título DSType Leitura Display Roman 20/20
	olho DSType Leitura Display Roman 10/15
	capa DSType Acta Poster, DSType Leitura News Roman 3
MANCHA	103,33 × 175 mm, 33 linhas (sem título corrente e fólio)
MARGENS	25:17,22:34,44:25 mm (interna:superior:externa:inferior)
COMPOSIÇÃO	Adobe InDesign CS5.5 (plataforma Windows 8)
PAPEL	miolo ofsete IP Chambril Avena 80 g/m^2
	capa papelcartão Suzano Supremo Alta Alvura 250 g/m^2
CORES	miolo 2 × 2 preto escala e Pantone 138 PC (CMYK 0:42:100:1)
	capa 4 × 0 CMYK
TINTA	miolo Seller Ink
	capa Seller Ink
PRÉ-IMPRESSÃO	CTP em Platesetter Kodak Trendsetter 3244
PROVAS	miolo HP DesignJet 1050C Plus
	capa Epson Stylus Pro 4880
PRÉ-IMPRESSOR	Lis Gráfica e Editora (Guarulhos SP)
IMPRESSÃO OFSETE	miolo Heidelberg Speedmaster SM 102 4P
	capa Komori Lithrone S29
ACABAMENTO	miolo cadernos de 32 e 16 pp., costurados e colados
	capa brochura, orelhas de 9 cm, laminação BOPP fosca,
	verniz UV com reserva
IMPRESSOR	Lis Gráfica e Editora (Guarulhos SP)
TIRAGEM	20 mil exemplares (especial)
TIRAGEM ACUMULADA	50 mil exemplares (especial e premium)
PRODUÇÃO	Outubro de 2013

FSC